[澳] 奥布里·达奎纳 (Aubrey Daquinag) / 著
王宏 / 译

一人游

WANDER LOVE

发现与成长之路

華中科技大學出版社
http://www.hustp.com
中国·武汉
有书至美
BOOK & BEAUTY

目录
Contents

一人游：发现与成长之路

WANDER LOVE

一个好奇的灵魂写给另一个好奇灵魂的信

嗨，你好，bonjour[1]，konichiwa[2]，hola[3]！

日期：2017年6月3日，星期六
地点：从马德里机场（MAD）[4]至马拉喀什机场（RAK）[5]的途中
歌单：Bonobo[6]的《回到空中》(*Return to Air*)

写下这些文字的时候，我正身处万米高空之上，在从西班牙（Spain）到摩洛哥（Morocco）的途中。很快我就会抵达异域他乡，再次融入一种全新的文化之中，体验一种新的生活方式。与此同时，我邻座的那位起飞后不到20分钟就进入了梦乡，我担心我的肩膀很快就会沦为头枕（我可能得补充一下，不是特别舒服的头枕）。

多年之后，我终于将马拉喀什（Marrakesh）从我的人生目标清单上划掉了。思绪如火花般在我脑海中闪烁，我再一次琢磨，我们为什么要旅行……在旅途中，我在云端飞行了无数个小时，与陌生人和朋友交谈了很久，在此过程中，我分享了非常多有关该话题的想法。我不由得相信，旅行这件事具有两面性：你可以用旅行来逃避日常生活，你也可以将旅行当作自由——一种解放自己，去找到新的现实的方式，这种现实让你的生活充满目标。一直吸引我的正是后者，而这也是我个人对于成功的定义——每天醒来，兴奋地为实现自己的梦想而努力。我为什么要将就着反其道而行之呢？我为什么不为了我想从自己这宝贵的一生中获得的东西而奋斗呢？以其他任何方式来生活似乎都很奇怪。

一会儿我就要在梦想的目的地着陆了，这是我一直琢磨着何时会去探索的目的地。我已经做了自我提醒："你做到啦！自豪吧！继续加油。"而亲爱的你，你也可以把自己带到你想去的任何地方。让我们梦想的事物为我们而实现，这在我们的掌控之中，其他人都做不到这一点。

我就先写到这里了，另一段故事里再见（参见第3章"一人游目的地指南：非洲·摩洛哥·马拉喀什"，第137—151页）。

快进到另一个登机口。正在广播通知登机。这次是要回到澳大利亚的故土过夏天。我为我的首本书《一人游：发现与成长之路》给你们写下这封信，我在这本书中同你们分享，生活在"爱之集会"这个漫游的世界中是什么感觉。我首先会介绍如何将想法付诸实践，要成为数字游民所需的办公必需品，以及我最喜欢的管理旅游和生活博客的工具，来帮助你创建自己的博客。

你还会发现许多游记，还有甜蜜的支持，帮你探索漫游癖的五个阶段。书中列出了从世界各地精选出的六处地方的目的地指南，那些是我的漫游之心曾到访过的地方（而你的心灵也在等着去做同样的事），还有在世界各地的市场中寻宝的小窍门（包括如何像老板一样讨价还价的教程）。我就如何为独自旅行做准备，分享了我的建议，并通过具有哲理性地思考创造性地、好奇地、用心地旅行是什么感觉，来更深入地探讨"旅行"这个话题。

从一个好奇的灵魂到另一个好奇的灵魂，谢谢你，muchas gracias[7]，merci beaucoup[8]。非常高兴我身边有你们陪伴。格外感谢你们的爱与支持。太为你感到兴奋了，因为你接下来看到的将让你沉浸其中。

1 译注：法语“早上好，你好”。

2 译注：日语“你好”。

3 译注：西班牙语“你好”。

4 译注：西班牙最重要的机场，也是伊比利半岛和南欧最大的机场。

5 译注：摩洛哥王国的国际机场，是该国仅次于达尔贝达穆罕默德五世国际机场的第二大机场。

6 译注：英国电子音乐人。

7 译注：西班牙语“非常感谢”。

8 译注：法语“非常感谢”。

如果本书只能带给你一样东西，我希望它让你感觉受到鼓舞，去毫无愧疚地探索，通过你所经历的冒险和你所创造的现实，成为自己并做你自己。

为了与人建立联系、探索和学习而去旅行。选择富有创意地、好奇地去生活，走上通往你梦想的道路。而且，每次都要打包带上舞鞋。

致狂野的漫游和那种美妙的爱……

让我们出发吧！

奥布里（Aubrey）

在西班牙古色古香的中世纪小镇帕尔斯（Pals），体验加泰罗尼亚（Catalonia）式的旅游，开心地手拿相机。

爬到顶峰——我的首次独自徒步旅行。秘鲁彩虹山，海拔5 000多米。

1.

爱之集会：漫游的世界
THE LOVE ASSEMBLY: A WANDERFUL WORLD

他问："你是做什么的?"

她说："定义即限制。"

当我刚刚遇到一个人时，对于"你是做什么的?"

这个不可避免的问题，我无法用一个词来回答。

旅游摄影师、内容制作者、数字媒体顾问……

在Instagram[1]上，@theloveassembly（爱之集会）的

第一个帖子上写道："你梦想的工作并不存在。

你必须去创造它。"

上页图：在西班牙的红墙[2]（Muralla Roja）中，漫步走过多彩的海滨梦境。

右页图：菲律宾苏米龙岛（Sumilon Island）的泳池边上。

---

1 译注：一款运行在移动端上的社交应用，以快速、美妙和有趣的方式将用户抓拍下的图片彼此分享。

2 译注：坐落于西班牙的海滨小镇卡尔佩（Calpe）。

1. 爱之集会：漫游的世界

总是在世界各地的咖啡馆里工作。菲律宾（Phillipines）奎松市[1]（Quezon City）的莫塞克生活馆（Mozaic Living）。

1 译注：又称计顺市，是菲律宾第四大城市、菲律宾首都马尼拉（Manila）的卫星城市，也是菲律宾主要的经济、文化、政治和交通中心。

多年前，我选择辞去全职工作，来追求梦想，却没有具体考虑如何去做。我们总是听人说，如果我们所做的是自己热爱的事，那我们生活中的每一天都不能算是在工作。自从我跨出那一步，我经常忘了今天是周几，因为我不再盼着过周末。每一天都变成了一个去做我热爱之事的机会。

迄今为止，我在“爱之集会”上分享自己的想法、照片和故事已经有五年多了。那是一个数字化的目的地，是出于纯粹的好奇心而诞生的。它一直在开辟一种方式，将旅行当作一种生活方式来体验，而非对现实的逃避。其驱动力是我头脑的创造性和好奇本质，并以远大的梦想（如果我说老实话，还有大量的咖啡因）为助力。那些让你同时感到恐惧和兴奋的梦想，那些值得去做的事。

一天，凌晨3点时我扪心自问：自己在一生中想做些什么？有三件事是显而易见的：

1. 我想创造（并且不受限制）。
2. 我想激励别人。
3. 赚钱并非我的首要目的，可是女孩子也要吃东西的。

我问自己的问题/你要问自己的问题

→ 如果钱不是目标，你愿意把时间花费在什么上？

→ 哪些活动会让你忘却时间？

→ 你对什么感兴趣？

→ 你想给世界带来怎样的影响？

→ 人们通常向你寻求什么样的帮助？

→ 有什么事是你觉得做起来很容易，但其他人却感觉很难的？

问完自己这些问题之后，我清楚了我真正的工作使命何在，我也明白了我并没有处在我应该在的位置上。

更重要的是，我意识到没有什么在强迫我留下来，对于我可以去哪里，我拥有完全的控制权。

咖啡：检查完毕。笔记本电脑：检查完毕。墨尔本（Melbourne）圣哲罗姆酒店（St Jerome's Hotel）的屋顶上，豪华露营的WIFI连接，检查完毕。欢迎来到我的办公室（暂时的）。

吸引我们的，要么是熟悉的人和我们可以与之关联的地方，

要么就是我们一无所知的，并渴望了解更多的人和地方。

这正是TheLoveAssembly.com及其上线时发布的第一组故事的缘由：与具有创造力的个人的问答，他们大多是我的朋友以及我在之前的工作中遇到的人。他们之中有花卉迷，将爱好转变为了花卉造型设计的生意；还有时尚评论家，看到了对精品时装学院而言的市场差距。我分享了这些激励人心的故事，他们在做自己热爱的事，于是就有了“爱之集会”这个名字。博客由此诞生。

之后我选择了抽时间出去旅行几个月，享受新的目的地，重新游览熟悉的地方，体验让我着迷的不同的文化。印度（India）、巴厘岛（Bali）、欧洲和菲律宾都在清单上。我所拥有的只是追求梦想的动力、查看梦想走向的好奇心，以及纵身一跃的勇气。在我看来，你所需的就是抓住机会去实现自己的梦想，同时也要意识到，最初你不会得到所有的答案，你将在实现梦想的过程中学习，你需要丰满羽翼并学会飞翔。我就是这样将旅行的梦想变成现实的。

度假时，我自然会拍照，一直会探寻可爱的咖啡馆和很酷的活动。我的思想不断受到挑战，而且灵感总是处于高峰状态，因为这是首次踏足异地。

随着时间的推移，“爱之集会”演变成为一个生活方式的目的地。其名称呈现出新的意义，关注旅行和格调，包含一些鼓舞人心的内容，鼓励积极向上的生活态度（我们偶尔都需要提醒）。我将我去过的每一个地方都记录了下来，收集、整理了我在一处目的地喜爱的所有事物。我分享时尚故事和摄影日记，还有旅行小贴士和目的地指南。之后就有公司开始接触我，他们喜欢我制作自己旅行内容的方式，并让我到新的地方旅行，将其记录下来。我的国际旅行有了新目的，例如为旅游局拍摄图片，与杂志和品牌合作创作艺术和营销的材料内容，而且始终会为此获得报酬。每当我独自旅行时都是如此，因为我也享受其中。

这就是得到你热爱的工作的诀窍：你首先需要去做你热爱的工作。由此会开启新的大门，显露新的机遇。找到让你满意的工作，要从你每天做的小决定开始，从每天都不计酬劳地追求酷爱之事开始，从你出于最纯粹的兴趣和好奇心所做的事开始。

不论你是在富有创意地生活来稍稍点亮人生，还是将其当作职业来追求，本质上这种生活方式都与冒险有关：试验、测试和学习，以及努力创造有价值的工作，而这种价值是你可以相信的。

法国（France）凡尔赛花园（Gardens of Versailles）令人惊叹的景色。

在秘鲁（Peru）普诺（Puno）俯瞰的的喀喀湖[1]（Lake Titicaca），同时编辑旅行日记的视频。

上图：2012年，我第一个从清单上划掉的世界新七大奇迹[2]：印度的泰姬陵（Taj Mahal）。

1 译注：位于玻利维亚和秘鲁两国交界的科亚奥高原上，是南美洲地势最高、面积最大的淡水湖。

2 译注："世界新七大奇迹"分别是：中国万里长城、约旦佩特拉古城、巴西里约热内卢基督像、秘鲁马丘比丘遗址、墨西哥奇琴伊查库库尔坎金字塔、意大利罗马斗兽场、印度泰姬陵。

照片中的我在美国纽约（New York，USA）的熨斗大厦[1]（Flatiron Building）前给你拍照。

1 译注：美国纽约市著名的建筑之一，1902年完工，当时为纽约市最高的大楼。其熨斗形状的外观采用布杂艺术式建筑风格，墙面垂直方向地被分为三部分。

数字游民办公室的必需品

我感觉自己最有效率的时候就是在路上的时候，或者至少是当我身处某个新地方的时候。或许这是因为工作时间总是存在着不断变化的时间限制，具体是由每天的最后期限所限定的（你懂的，就是你实际的最后期限之上的最后期限）：酒店要在上午10点前退房，航班要飞行8个多小时才能降落，咖啡馆办公室甚至需要不断扫描周围的环境，以确定我是否停留时间过长到不受欢迎的程度，是时候走人了（因为你我都心知肚明，我留在那里的部分原因是为了蹭免费的WIFI）。我认为，是时间压力让我更有效率地编辑照片、编写内容、准备投稿和忙着处理电子邮件。这是某种强制的番茄工作法[1]，尽管时间段稍长一些。

对于像写博客这样的工作，我的旅行办公室只需要少量必需品就能继续照常运行：笔记本电脑和充电器、耳机、硬盘、照相机、手机，以及好奇心。为了能在任何地方完成我的工作，这些就是我实际上所需的。只要我可以连上信号很强的WIFI，差不多，或许，嗯，总是，再来上一杯美味的咖啡。

请给我来一杯咖啡！

然后，我就开始做事了……

我最喜欢的数字化工具

预订离家之后的住所（住宿）：airbnb.com, agoda.com, hostelworld.com

虚拟旅游与摄影灵感：pinterest.com, instagram.com

网站管理与博客创作：wordpress.com

客户推介与演示：canva.com

创意拼贴：procreate.art, picsart.com

视频博客与视频编辑：iMovie, Premiere Pro

网站设计模板：themeforest.com

图像与文件分享：dropbox.com

通讯和“爱的俱乐部”电子邮件订阅：convertkit.com

电子邮件：gmail.com

客户会议：skype.com

音乐播放列表：spotify.com, Shazam

照片编辑：lightroom.adobe.com

与所爱的人保持联系：whatsapp.com

1 译注：Pomodoro Technique，弗朗西斯科·西里洛于1992年创立的一种更微观的时间管理方法，以25分钟为限。

透过纽约巨石之顶的观测镜。

日本京都的抹茶冰淇淋。美味！

西班牙赫罗纳（Girona）的鲜花节（Temps de Flors）过后，柔和的色彩让人愉悦。

但首先，要来杯咖啡……

2.

旅行的各个阶段
THE STAGES OF TRAVEL

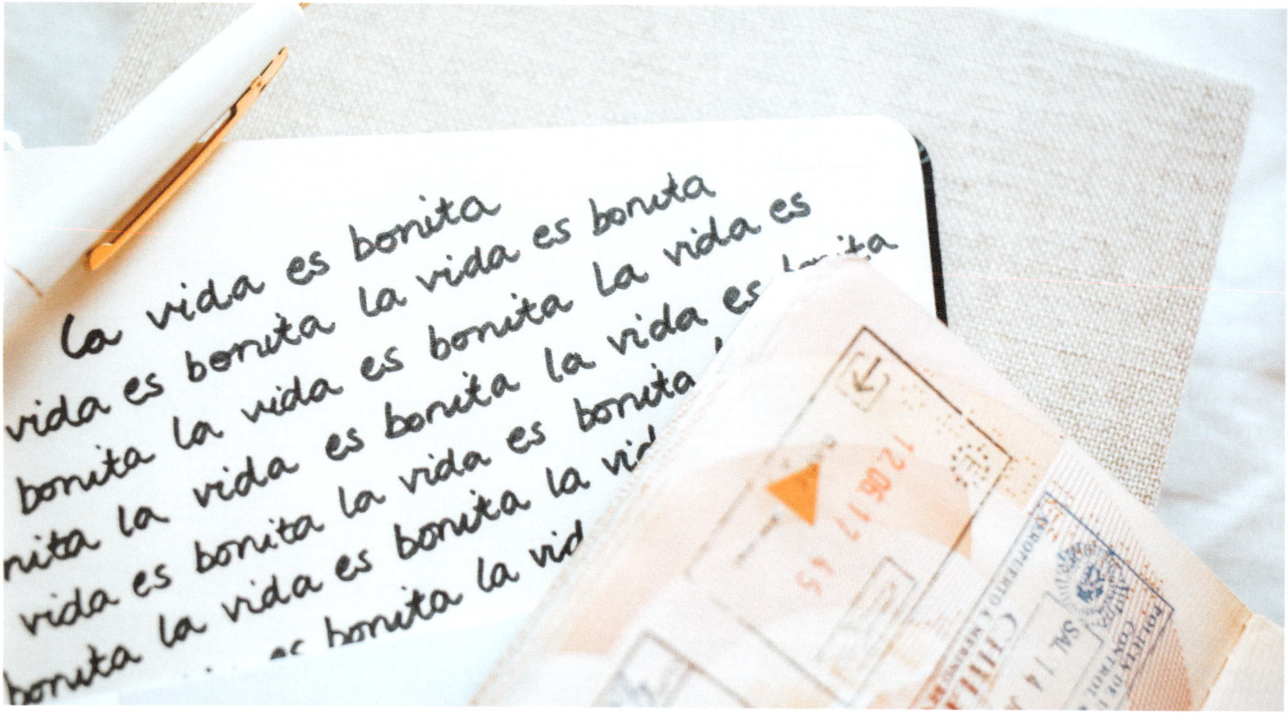
La vida es bonita
vida es bonita la vida es bonita la vida es
bonita la vida es bonita la vida es
nita la vida es bonita la vida es bonita
vida es bonita la vida es bonita la vi
bonita la vida es bonita la vid
es bonita

旅行梦想

生活真美好（LA VIDA ES BONITA）。

这是我在秘鲁的库斯科[1]（Cusco）上第一堂西班牙语课时，学到的第一句话。

从刚刚成年起，我就一直梦想着可以独自一人去旅行，到一个谁都不认识且英语并非第一语言的地方去。你可能也有旅行的梦想，梦想着在科隆群岛[2]（Galápagos Islands）与巨龟同游，梦想着只背一个背包就游遍东南亚，或是梦想着在国外生活一年。无论是什么样的梦想，旅行梦想就是一切的起点。

你了解那些你梦寐以求的地方吗？就是存在于你在脑海中绘制的图画中的地方，以及仅仅在别人用镜头拍摄的照片中看到的地方。这些地方吸引你是有原因的：它们与你的兴趣点相吻合，激起了你的好奇心，让你想要了解更多。让你的想象力自由驰骋——旅行梦想的第一步只不过是激动人心的冒险的开端！

“生活真美好”就是从上文中提到的，我最先学到的西班牙语翻译而来的。从我第一次环游南美时将这句话草草写在我的袖珍魔力斯奇那[3]（Moleskine）笔记本上的那一刻起，我就一直将其放在心间。我当时是独自旅行。那次旅行感觉真是棒极了。是旅行生活的滋味让我渴望更多的旅行吗？如果我给出否定的回答，那我就是在撒谎。

生活太美好了。我们的世界如此美好。有许多事可以去做，也有许多地方可以去看，还有许多人可以去见。抓住机会，感受恐惧，无论如何都要去做。我就是这么做的。我们年轻的心灵渴望冒险。

要有远大的梦想。

第14页图：墨西哥（Mexico）的Kombi面包车生活。
左页上图：我的西班牙语老师教我的第一句话：生活真美好。
左页下图：西班牙卡尔佩有着粉彩画色彩的建筑。

1 译注：秘鲁南部城市，11世纪初起至16世纪为印加帝国首都。
2 译注：又称“加拉帕戈斯群岛”，火山群岛，位于太平洋东部，为厄瓜多尔领土。
3 译注：该品牌所象征的，是一个源远流长的笔记本、日志和城市指南的世家。

我们走吧，去任何地方都行。

一切都始于小小的梦想和策划……

第一步
创建你旅行梦想的愿望板

包括图片、文字、物品、日期——创建一个精心策划的收藏。该过程将有助于把有关你想做之事的想法，转变成实际上最终会做的事。那些想法一直在你的脑海中漫无目的地漂浮。直观地并更为具体地展示，可以帮助你清晰地认识真正想要做的是**什么**，**为什么**想做这件事，想去**哪里**，以及想**何时**达成该目标。这是一种展示你的梦想并让其成为现实的方式。

随后将介绍具体的方法。

第二步
进行调研

在你勾勒出有关梦想的具体想法之后，第二步就是研究实现这些梦想的真实情况，据此调整或重新调整目标。在该部分，你选择专注于一个特定的旅行梦想。戴上你的旅行社帽子，然后上网，或是可以与真正的旅行社预约，向他们讨教。无论采取哪种方式，你都需要在该步骤弄清楚后勤工作的安排：航班、住宿、生活费用、旅行保险、活动，需要存多少钱，以及一年之中到那个目的地去旅行的最佳时间。

每个人都有自己的旅行风格，你安排自己旅行的方式对你来说应该是自然而然的。

菲律宾苏米龙岛海边的休整时刻。

研究目的地的两种方法

→ 口碑

多方打听，同朋友、家人、同事、火车上坐在你旁边的人聊聊。人们喜欢谈论自己的旅行，从已经去过某地的人那里获得第一手的建议总是很好的推荐来源。要做笔记。

→ 互联网页

啊，超棒的互联网页！如果你愿意的话，可以跳过第一种方法，通过搜索博客、在线杂志、基于评论的网站和社交媒体——Instagram和Pinterest[1]是我的最爱，来获取你需要的所有信息。创建单独的目的地版块，在每个目的地版块中保存所有你感兴趣的照片。还要留意地理标签，以及人们在互联网上以标题形式提供的其他信息。

提前预订，或是顺其自然

提前预订一直是限制旅途中压力的万全方式，而且几乎总是能帮你节省现金。最重要的是，航班的成本将取决于是淡季还是旺季，但是提早预订（出发前6～9个月）将确保拿到最优惠的价格（顺便提一下，关于这一点，我替你们问过了旅行社的朋友，我就是这么贴心）。尽管在酒店或旅馆小住可能在最后一刻以较低的价格拿下，但你会发现，较长时间的住宿通常会得到折扣价格或更优惠的价格。在预订餐厅和活动时，最好通过它们的网站来查询是否能预订得上，并问询他们对于预订的更改有什么样的灵活政策。我也总是喜欢大概看看餐厅的菜单。还有人像我一样有这么重的好奇心吗？了解自己的选择并做好准备没什么不对的！

尽管我完全赞成事先做计划并预订，但我也总是为顺其自然留有余地：可能是简单地空出几个下午，在上完西班牙语课后去探索镇上的新地段；也可能是大胆地整整住上两个月，只是“看看会发生什么”。的确，对旅行的期待会延长那次旅行的寿命。当你自己去了解你即将到访的地方时，你会充满兴奋感。而等你真正置身于那个国家时，接收信息和小贴士也会让你的旅行体验更为个性化和独特。总之，大量的调研总是为漫游留出空间，这正是旅行的魔力之一。

1 译注：无需用户翻页，新的图片不断自动加载在页面底端，堪称图片版的Twitter。

第三步
制定行动计划

下一步是合乎逻辑的，但也是重要的一步，会将你的心态从“我想做这个、这个和这个（但是我实际上永远不会为此做任何事）”，转变为“这就是我要做的事，以下是我要如何去做”。

为你需要做的每件事都创建一个详细的大纲——我指的是每一件事。你的梦想很远大。有时你可能对实际涉及的工作量感到极为恐惧，使得你甚至从未去尝试。然而，该提纲的目的并非吓唬你，而是给你更小的、可完成的任务让你去完成，这些任务都将有助于实现那个大的目标。有点像是在长距离竞赛中与人举手击掌庆祝——为了小事奖励自己，这会让你继续前进。接下来，在每个任务旁边写一个日期，作为最终期限。这些最终期限会让你集中精力，严格遵守这些日期的限制（要记住，你这么做是为了自己）。然后每周都将你的时间分配出来一些，用于完成一两个任务，让你的梦想更接近现实。

提纲不需要很复杂。我找到了一个简单的模板，效果最好，只要包含什么、何处、为什么和何时，然后就是要做的事和日期。

你的提纲可能看起来有点像下面这样：

什么： 独自旅行至少两个月

为什么： 想要挑战自我并更加了解自己

何处： 某个我谁都不认识，而且英语并非第一语言的地方

何时： 在我30岁之前

要做的事/日期：

→ 选择一个目的地，冠以“我独自旅行到访的第一个地方”的称号/2月28日

→ 为此次旅行设定X美元的预算/每周存Y美元（你可以在账户里设置自动转账，每到发工资那天，将对应金额直接转到“旅行储蓄”的账户里）

→ 预订机票和住宿/3月31日

→ 申请签证（如果需要的话）/3月31日

→ 购买目的地指南书籍/4月15日

→ 研究可就餐的餐厅、该地区最棒的徒步旅行路线，以及受欢迎的参观景点/4月30日

→ 学习如何用当地语言说几句基本的短语，练习使用“多邻国”[1]这样的语言应用程序/5月15日

→ 下载可以离线使用的谷歌目的地地图（这是独自旅行所必需的，可以在没有WIFI连接的情况下提供你的位置，让你安心）/5月31日

→ 检查你是否已经处理了所有必要的文书工作/6月15日

→ 为家人和朋友复印你的行程单/6月22日

→ 跟家人和朋友说“再见”，组织一次亲密的午餐或晚餐，用于“道别”和“珍重”/6月22日

→ 随着令人振奋的音乐轻轻起舞，因为梦想在T分钟后就会成为现实。3、2、1……随着震动摆动你的身体，这感觉真是太棒了！/6月29日

→ 去机场，在登机口例行拍照，让你所有的朋友嫉妒：不要恨我，因为你不是我/6月30日

1 译注：Duolingo，一款语言学习工具软件。

于是，冒险开始了……澳大利亚悉尼（Sydney，Australia）的邦迪海滩（Bondi Beach）。

BONDI

格调是无需言语就可表达自己的方式。

旅途中的格调

不用你开口说话，你的格调就可以展现出你是什么样的人。而无论你喜不喜欢，不先收拾好行李，你哪儿都去不了。

当你筹划自己在旅途中的格调时，你需在列表上勾出三件事：

1. 不要打包过多的东西。要记住，少即是多。
2. 要尊重不同的文化。
3. 你看起来很可爱（废话）。

我在世界各地学到了一些关于格调的东西，从墨尔本人和伦敦人掌握层次艺术的方式；到围巾如何在热带岛屿上成为用途最多的物件之一，即它可以从围巾转变为针织衫、裹身裙、上衣、头巾（是的，一件物品，五种佩戴方式，要有信心！）；以及瑞典人是如何将极简主义做到极致的。

旅行就是让你自己沉浸到每个目的地的文化之中。拥抱一切——人、地方、食物，当然还有时尚。我的个人格调深受我旅行的影响，尽管我知道自己永远不会真像法国人那样时髦，也不会像日本人那样奇特和酷，但是假装如此也很有趣。

我曾经很喜欢打包，但当我总是要打包、拆包、重新打包，并如此重复两年后，可以说我的兴奋度下降得非常快。从好的方面来看，我已经形成了策略，可以肯定地说，我已经掌握了针对各种不同类型旅行的打包艺术——从背着两个背包、为期两个月的独自旅行，到跨越不断变化的气候的长期旅行，只需不到3个小时，我就能完成打包。我仍然吃惊于自己如何能在这一时间限定内，为两种类型的旅行打包，但是我确实做到了。是的，我给自己计时了。各位，要注意效率。登机口在召唤你呢！

重要的事先来……

格调的基本元素

基础

以黑、白、灰中性色调的单品为基础，搭配少量牛仔单品，开始构建你的旅行衣橱。你可以用这些单品来打造你的外观。这些不同的单品可以很好地搭配在一起，你可以混合搭配出不同的形象。例如，我会打包一条有着蕾丝细节装饰的黑色露肩吊带裙，它非常适合在晚上搭配高跟鞋外出，我也可以搭配运动鞋，把头发扎起来，度过休闲的一天。对于这些单品来说，多用途是关键所在。

色彩单元

从这里开始变得有趣了！到目前为止，为每个目的地选择一个色彩单元，是我构建旅行衣橱时最喜欢的部分。一位朋友留意到，我的照片中有一些自然而然出现在我身上的现象——我按照颜色来打包，灵感来源于目的地所显示的色调，这一发现引起了我的注意。

例如，巴塞罗那（Barcelona）有着美丽的大地色调，散发出诗意的能量和金色的光芒，更不用说这座城市还拥有创造力，具体体现在达利[1]（Dalí）、毕加索（Picasso）、高迪[2]（Gaudí）等艺术天才的作品中。考虑到这一点，在黑色和白色服装的基础之上，将深勃艮第酒红色、焦棕色和柔和的芥末色组合在一起，就可以搭配出旅行服饰，将巴塞罗那和你的外表无缝连接在一起。同样地，香港展示的是清淡柔和色彩的叠加，而神奇的马拉喀什展示的是马赛克式的图案和印花。

颜色将使你的假日穿着极为不同。这是一个超级简单的元素，但是当你时间（以及旅行箱的空间）紧张时，却极为有效，因为在将所有单品针对特定目的地作为单元式服饰打包时，它们可以毫不费力地彼此相搭配。而且，无论如何你也宁愿到外面去探索世界，而非花费你宝贵的时间做准备。

查查天气情况，留意一下文化，从建筑中汲取灵感，尝试不同的配色组合，并利用配饰增添些许个性。看看其他人，最好是当地人，在目的地都穿些什么，以此来获取灵感。当你将基础和色彩协调与地点结合在一起时，就坐等着观看可爱的假日照片吧。

既然已经弄清楚了，那我们就继续吧。

1 译注：萨尔瓦多·达利（1904年5月11日—1989年1月23日），著名的西班牙加泰罗尼亚画家，因其超现实主义作品而闻名。

2 译注：安东尼奥·高迪（1852年6月25日—1926年6月10日），西班牙建筑师，塑性建筑流派代表人物，其一生的作品中，有17项被西班牙列为国家级文物，7项被联合国教科文组织列为世界文化遗产。

包含大量白色、大地色系和一点印花的色彩单元。

西班牙巴塞罗那的市内满是高迪的创造性作品。

融入西班牙的金色调之中。

在西班牙卡尔佩的粉色天堂的自拍。

格调的基本要素：女生

我要告诉你一个小秘密，当谈到极简打包时，关键其实在配饰上。以下是一些简单的格调技巧，可以提升你的旅行衣橱。

靓丽的嘴唇

好皮肤总是显得很时髦。除了美容护肤品之外，唇上的一抹色彩可以瞬间提亮脸部，为你的妆容增光添彩。选择与肤色相匹配的两种色调：一种是经典色调，但仍可以展现出大胆的一面；另一种很有趣，但涂上一整天也不会显得太疯狂。这几乎没什么重量，却可以让你看起来不那么平凡。不需要浓妆艳抹。

耳饰

像口红一样，耳饰几乎没有重量，但对你的外观有着完全相同的效果。尝试你可以混搭的不同风格，用有存在感的耳饰搭配简单的服装，来达到平衡，反之亦然。一点点闪闪发光的装饰就可以创造奇迹。

太阳镜

佩戴太阳镜显而易见的原因是让眼睛免受阳光照射，并避免你在照片中出现斜眼的“死亡凝视”。此外，太阳镜也是必需品。太阳镜还有一个方便的用途，那就是在深夜，用于隐藏不那么具有设计师范儿的眼袋。不要古驰，不要路易威登。不用，谢谢！说起太阳，永远要对太阳保持警觉，记得带上防晒霜。

头饰

当你发型很糟糕，或者至少因为懒而不想洗头发时（嘿，最好不要每天洗头，至少有人是这么告诉我的），就要进入帽子游戏啦。你的选择是什么？软呢帽非常适合较为凉爽的目的地，草帽适合夏季，在其他情况下可以选择贝雷帽。要做出明智的选择，戴帽子要自信。或者，用不同的发型做试验。

发型

你的发型既要适合你当天计划的活动，也要与你的服装相搭配。不要梳常见的马尾辫，可以两边各扎一个辫子，最后扎成一个低低的发髻，或是加上类似于黑缎带这样的饰物来扎马尾。即使只是简单地从中分换成偏分，也可以立即将你的外表从无忧无虑变成时尚别致。新发型，这是谁呀？

围巾

如果说有一件单品具有多重用途，而且一直是旅行衣橱的必需品，那就非围巾莫属。它还可以兼做枕头、裙子（只有轻质的围巾才可以），能够为平淡无奇的服装增添新的活力，而价格只相当于一件衣服的一小部分。较为凉爽的目的地要选择羊毛或羊绒围巾，夏季选择棉质或亚麻围巾，其他时候可以选择真丝围巾。多带几条围巾。尝试不同的印花和图案。经常调换风格。

所以说，这个故事的寓意是，用你有限的旅行预算，你仍然可以看起来有10亿美元的身价。

要有创意，增添个性；可爱点，也要酷一些（但还要保持可爱）。

格调的基本要素：男生

翻领衬衣

给各位男士的热点提示：翻领衬衣是你在旅途中风格多变的秘密武器。敞开套在白天穿的T恤外面显得很随意，晚上把扣子扣起来就可立刻让你焕然一新，足以应对晚宴和酒席。出发旅行前，一定记得带上一件拼色的翻领衬衣和一件印花的翻领衬衣。要选择透气的材质，例如亚麻或棉质。

……我写这些并不是为了让你的女朋友可以偷走你的衬衣，在海滩上搭在自己身上，或是过夜后穿在自己身上。我保证 :)

帽子

你在外面度过了重要的一晚，你茫然地盯着酒店镜子里的自己。5分钟后你得下楼到前台和大家碰面。不要梳洗打扮了（谁都没时间去梳洗打扮！），戴上帽子，在最近的咖啡馆喝一杯咖啡，让你感觉不那么像僵尸。对于在风格上更具冒险精神的男士来说，软呢帽是最佳选择。

正装鞋

旅途上还要带上这个：确保你在单元式服饰组合中带上一双正装鞋。为什么？它会把经典的牛仔裤、T恤组合变为半正式的形象，让你在晚上可以到要求穿着时髦休闲装的地方去。格调贴士：一双棕褐色的正装鞋总是多用途的好选择。

具有极强中性色调基础的旅行衣橱。

在你无法费力去打理头发的日子，戴上帽子。

用一件翻领衬衣和正装鞋，让斜纹棉布裤看起来更精致。

1

更好地收拾你的行李

1 卷起来，还是叠起来

啊，这个关于卷起来还是叠起来的古老的伟大争论。这是一个对比的话题，就像咖啡对茶、纽约对洛杉矶LA)、西红柿对番茄一样。的确，与将衣服叠起来相比，将其卷起来可以更有效地利用行李箱的空间，互联网上充斥着进行过的无数试验。但是在我自己的试验中，我发现自己喜欢两者兼顾:

将你不希望出现褶皱的轻薄衣物卷起来。上衣，连衣裙，轻薄的下装，例如裤子、半裙和短裤、内衣……这些都是卷起来可以保持最佳状态的单品，因为这样可以将衣物压紧，尽可能减少褶皱。将衣物对折，再卷起来。通过将两件相似的单品放在一起卷起来，你可以将花费的时间减少一半。

将毛衣和牛仔裤这类面料较厚重的衣物叠起来。有些衣物卷起来确实太占地方了，这些单品最好叠起来。不要将叠好的衣物一件一件摞起来，要将它们全部竖着放进行李箱，这样你就能够看到你所有的选择，而非仅仅看到最上面的那件。

2 如何将帽子装在行李箱里

→ 将你要打包的所有物品连同你的帽子放在一起，按材质和类型将其分门别类：鞋、包、棉质和丝质这类轻薄织物，以及牛仔这种较厚重的织物。

→ 将配饰平放在箱子底部。将一件质地较厚重的衣物放在侧面，约一半的衣服放在配饰上，为放置你心爱的帽子创造一个平坦的表面。

→ 接下来，拿出你之前放到侧面的质地厚重的衣物，将其折叠，再像寿司卷一样卷起来。

→ 将卷起来的像寿司一样的单品放到帽子里，调整到与帽子的底部边缘相平齐。这种支撑有助于保持帽子的形状。

→ 帽子里可能还有些许空间。如果还有空间，就用一件较小的单品或两件较轻薄的衣服填充在帽子里。你想让帽子内部被完全填满，但不要塞太多衣物——你最不希望帽子被撑变形。

→ 当帽冠被填满时，将帽子放在你之前在行李箱中弄出的平面上。再将剩余的单品放到帽子周围。

→ 就是这样！一项快乐的帽子被妥帖地打包好了，就等着迎接太阳的照耀啦。

捕捉瞬间

你收拾好行李，到达异国他乡，准备沉浸在城市的喧嚣之中、岛屿生活的缓慢节奏之中，或雾蒙蒙山顶上的与世隔绝之中。一切都是新的，每个角落都让人感到兴奋。眼前的乐趣之一就是通过摄影艺术捕捉这些瞬间。或是像我喜欢说的那样："让时间停滞。"

照片的力量可以让你回到那一刻、那个地方，并回味那种感觉，但是知晓如何实现这一目标需要技术、工具和光线的恰当组合，还有创造力的闪耀！一张好照片最终会讲述一个故事。每个目的地都有自身的魅力、氛围和能量，你创造性地捕捉它的方式，就是你讲述自己故事的方式。

一手拿护照，一手拿相机。

拍出漂亮照片的贴士

如今任何人都可以成为摄影师，但是以下有几条金科玉律可以让你的照片脱颖而出。

跟随光线

光线不仅是旅行摄影的基本要素，也是一般摄影的基本要素。可以借用多少光线（或缺少光线）决定了图像的亮度，也设定了整体的色调、氛围和风格。

“黄金时刻”是摄影师最喜欢拍照的时间。一天有两个“黄金时刻”，分别在日出和日落时分，此时日光更为柔和且梦幻，还有一定的光晕。我承认，旅行时可能很难在黎明时分醒来，但你在看到自己的劳动成果之后，绝不会后悔做出了这个决定。在这一时刻你也通常会避开人群，意味着拍摄背景中的人更少，对于意外的抢镜也不用做那么多后期处理。总是有好处的！

左页图：就像在秘鲁的泰特拉卡酒店（Titlaka Hotel），太阳叫我出去约会一样简单。

到达前先对当地进行研究

当然，在旅行时即兴发挥可能很有趣，你也可能会很幸运地捕捉到一些精彩的瞬间快照，但是我要告诉你，想要拍出最好的照片，一点准备就能帮上大忙。你可以在旅行梦想的调研阶段（参见第19页）为拍摄做计划。对于你可能想拍摄什么类型的照片以及想拍摄的地点提前做些了解，最终会通过让你创造出更具视觉冲击力的照片而展示出效果。

我最喜欢研究的是Instagram和Pinterest这类社交媒体平台，我还会快速浏览旅行和生活方式的博客。旅游局在Instagram上展示当地必去的热门景点，你还会找到精选的旅行账户和那些引领环球旅行生活方式的摄影师。Pinterest可以充当搜索引擎，只是在其中输入像是“秘鲁”这样的目的地，就会弹出大量的照片来激发你的灵感。

多亏了Pinterest，我才找到了第一次徒步旅行的地点（我自豪地完成了这次徒步旅行！）。只有一张照片出现在了我对“秘鲁”的搜索中，照片中，一位男子背对着相机坐在一座带有条纹图案的山顶上，伸出双臂。我与他取得了联系，想知道如何才能进行这次徒步旅行，因为我找不到任何提供相关服务的旅行公司。原来他是和当时的女朋友一起发现的那条路线，他主动帮我安排了到彩虹山（Rainbow Mountain）的徒步旅行。那时还很少有人到彩虹山旅行，通过社交媒体，他的旅游业务诞生了。

生活在秘鲁的的喀喀湖浮岛上的乌鲁斯（Uros）人，服饰色彩鲜艳。

构图要有创意

在摄影中，辅助构图的经典技巧包括引导线、对称和“三分构图法”。**引导线**将观众的注意力吸引到照片的某一特定部分上，创造出维度，并进行视觉叙事。沙丘、一条道路或一排灯珠都是该功能类型的范例，可以用于在照片中创建引导线。

照片中的**对称性**可以营造平衡感。“三分构图法”的工作原理是用两条与镜头边框垂直相交的虚拟线条将照片分为三部分，再用两条与边框水平相交的虚拟线条，将照片一共分为九块。随后让照片的主体沿着水平的或垂直的导线对齐，以创造出平衡又有趣的构图。

你不必总是遵循这些经典技巧，打破规则并在构图中发挥创意，就可以让你的风格个性化。想一想，你的拍摄主体并不一定总是要处于中心位置。有时这让人感到无聊，转换一下思路，利用（甚至是违背）三分构图法，让事情有趣起来。

在美国旧金山（San Francisco），沿着金门大桥（Golden Gate Bridge）散步。

尝试你独特的视角

一个人是如何拍摄首次到访的目的地的，我对此总是很感兴趣。两个人可能到同一个地方旅行，在那里花同样的时间，做完全相同的事，但却以截然不同的方式捕捉那里的一切。没有人和你有一样的看法。尝试不同的视角可以用抽象的形式为观者提供你的角度。试着从与臀部而非眼睛平齐的高度去拍摄，将手臂高举过头顶，甚至以一定的角度举过头顶。角度的选择可以立刻改变观者在看你照片时的感受。从与拍摄主体平齐的高度拍摄照片会带来一种平等感，而从上往下拍照可以传达一种权力感。从第一人称的角度拍摄——通过将你身体的一部分放在镜头内——可以让观者透过你的眼睛观看，并想象他们身处你所在的位置上。

金门大桥，不同的视角。

将人物放到你的风景中来升级照片

由于我们人类是社交型的生物，所以将人物包含在风景中不仅可以通过展现我们的世界有多大、多美丽，进而增添照片的丰富度，还可以让整体形象更有趣。当你在景观中添加个人旅行体验的元素时，观者可以自动与风景关联起来；但当风景与人类毫无联结时，他们就无法做到这一点。

对于我旅行博客上的照片，我很早就制定了一条80/20的规则：80%的外景，20%的我。每当我不得不请陌生人或朋友来给我拍照片时（参见第48—49页，了解更多有关如何在独自旅行时给自己拍照的信息），这个解释就会派上用场。基本上，我会解释说，我希望照片主要与我所处的目的地有关，而非用我填满整张照片，我还会提到我的80/20规则。一旦我开始用这些数字来描述我想要些什么，大家就似乎更了解我的想法了。

讲故事

最终，一张出色的照片会讲述一个故事——你的故事。与人互动，并与你所拍摄的地方建立联系，这会显著改善你的图像，并使其生动起来。在拍摄人物时，通过与你的拍摄对象交谈来唤起感情——讲笑话，鼓励他们大笑，让他们感觉良好。目的是让他们感到舒适，让你以自然、非强迫的方式，捕捉其真实的表情。

想要增加艺术感，就要用到你的格调基本要素（参见第31—32页），使你的色调和细节与外景拍摄的背景相得益彰。

左页图：一直向上看。日本岚山的竹海。

一切都在细节之中

坦白地讲，有一件事我比平常情况晚一些才意识到，那就是后期处理同处于当下的行为和拍摄照片本身的动作一样重要。优秀的编辑之中存在着一股力量，通过调整对比度、色彩及饱和度，立刻就会让一张普通的照片看起来比之前有吸引力十倍。

我用来编辑照片的软件和应用包括Lightroom（主要用它）、Photoshop（很少用，但偶尔会用于各处的微调，以及拼贴工作）和Snapseed（在手机上）。

未编辑的照片。

编辑后：调整了曝光度、曲线、清晰度和色温。

赤脚自在地走在菲律宾的宿务（Cebu）。

独自旅行时如何拍照

你是否曾请人帮你拍照，结果看到屏幕时却发现并非是你想象的那样？是啊，我们大多数人都遇到过这种情况。通常只好露出尴尬的微笑并道声“谢谢”。然后你又回到了原点：寻找下一个人，请其按下快门按钮，希望他们做得比那边的头号候选人要好。

当你独自旅行时，你会发现自己处于这种棘手的情况之中，而如果你像我一样，那你就已经知道自己希望最终结果看起来如何。我在没有Instagram老公[1]的情况下，经常长途旅行，这意味着，掌握窍门和诀窍，拍出自己更好的旅行照片，是我必须快速解决的问题（尽管有时机缘巧合，你最终实际上在旅途中找到了Instagram老公，我觉得这算是个人爱情故事，要留到其他时候来讲了）。

1 译注：insta-hubby，指的是按照妻子的指示帮妻子拍照，以便妻子将照片发在Instagram上的丈夫。

三脚架窍门

你需要：一个三脚架（我用的是曼富图[1]的Compact Action三脚架）、一台带有WIFI连接的照相机（我现在用的是佳能6D），以及一台智能手机，将应用程序连接到照相机上（我用的是苹果的iPhone，连接了佳能的照相机应用程序）。

过程非常简单：将照相机安在三脚架上，将智能手机与照相机的WIFI连接在一起，把智能手机用作遥控快门，之后跳入镜头范围内，摆出那些姿势！

窍门1：始终要用照相机或手机上的自拍定时器，给自己留出几秒钟的时间，以便站到正确的位置上或摆出合适的姿势。

窍门2：抓拍总是很酷。

该方法最适合于当你想在下榻的酒店或别墅这类较为安静的地方拍摄美丽的照片时。到了纪念碑和地标建筑这样的公共场所，如果你是独自旅行，突然亮出你三条腿的同伴就并非总是最安全或最不尴尬的选择。试试下面这招。

完美的Instagram陌生人丈夫诀窍

首先要扫描你周围的环境，寻找合适的人选：通常是同龄人，还要拥有一台数码单反相机。这些特征表明：（1）他们了解如何摄影；（2）他们对摄影很感兴趣，你不必解释照相机上的按钮是做什么用的。

既然你已经发现了他们，那就打个招呼，开始一段轻松友好的交谈。随意一些。最终让他们帮忙拍张照片。

把你的照相机设置好，你最不想看到的就是曝光过度或曝光不足的照片。

先拍一张照片给他们展示你想要拍摄的区域，然后尽可能多地给出指示，例如“我希望把桥拍上，我会走在桥中间”。如果你也喜欢80/20规则（参见第45页），那就提一下这条规则。

浏览照片，说声“谢谢”。

1 译注：Manfrotto，来自意大利的专业摄影器材品牌。

创造记忆

旅行真正的乐趣之一是带回你在旅途中创造的记忆。那不仅仅与你所看到的景点有关，还包括你在漫步进入一座新城市，进行一场新的冒险时所体验到的感官的启迪。尽管精美的照片是一回事，但也有其他方法将旅行的记忆带回家。我所指的并非实体的纪念品，而是通过带着感官去旅行这种行为，根植在你心中的独特记忆。

看

我们从最显而易见的开始，可以吧？一张照片能道出千言万语。既然你已经学会了特定元素的结合如何能创造出色的照片，那就将这些图片和你的冥思一起存储到旅行日记里，一起放进去的还有票据、拍立得照片、地图和其他任何你想收集的东西。感受那种流动，在你的视觉资料旁写下文字。保持原始的状态，让自己彻底变得脆弱和坦诚。在日记写作中没什么需要证明的，这是一个创意的出口，汇集了想法、感受和记忆，让你无论何时都可以躲起来去重温。你也可能发现这极具疗愈性。

闻

正如照片可以带我们回到特定的时间、地点，或回味特定的感受一样，气味也有一种颇具威严的方式可以达到同样的效果。嗅觉是与记忆联结最紧密的感官。摩洛哥的香料、在欧洲过暑假的海洋，熟悉的气味可以唤起记忆，提醒你“当时……”

另一种创造封装旅途记忆的气味的方式就是，选择一款旅行香水。对于较热的地区或夏季的旅行来说，要搭配清淡的花香；而对于寒冷的目的地来说，要选择更为温暖的木香。等你回来，当你喷上香水时，那种迷人的提醒就会自我显露出来，让它带你回去。迄今为止，Diptyque[1]的杜桑（Do Son）仍会让我想起第一次去巴黎（Paris）的情景，感觉就像昨天一样。

1 译注：源自法国的知名香氛品牌，创立于1961年。

我们巴黎阳台上迷人的牡丹。

尝

他们说，只有通过胃才能到达金牛座人的心里。而我自己作为金牛座人，可以为此担保，因为（1）我喜欢吃东西（谁不喜欢啊！），但不仅如此，（2）我喜欢吃得好。食物通常可以成为一个目的地的独特特征。无论你是在亚洲进行令人兴奋的街头食物搜寻，还是在一间获奖的欧洲餐厅里细细品尝热情的主厨准备的精品套餐，旅行应该始终用独特的风味来愉悦味蕾。带一本食谱回家，重新创造你在旅途中遇到的菜肴或味道。

西班牙美味可口的海鲜午餐。

听

在这大千世界之中，我超喜欢的应用程序之一就是Shazam：它有一个绝妙的蓝白按钮，你点击这个按钮就可以识别出正在播放的歌曲和艺术家。它甚至可以显示歌词！技术啊！每次我去一个新的目的地旅行，我都会创建一个Spotify[1]的播放列表，来收集沿途听到的曲子。它相当于现代的混合专辑，而且我在过去真的很喜欢创作混合专辑。现在，我的Spotify播放列表不仅仅是普通类型的播放列表，它们是精心设计的歌曲汇编，我在旅途中几乎随时随地收集了这些歌曲。它们包括源于特定地方的音乐（是的，法语说唱出现在了我的巴黎播放列表里，非常感谢），还有我喜欢的歌曲，以及坐出租车时，在我工作而别人旁观的咖啡馆中，在酒吧和俱乐部里，在机场过境时通过Shazam识别出的歌曲。就连播放列表的名字都充满了意义："静止在墨西哥"用到了"静止"这个词，因为其中包含了我在沿海小镇图鲁姆（Tulum）瑜伽静修时所用到的曲调；"哥伦比亚（Colombia），我的心[2]为你而跳"混合了积极乐观的拉丁歌曲，因为我在那里只想去上舞蹈课并跳舞（我确实很高兴地那么做了）；还有代表更简单的时代的"你好，西班牙"，那是我第一次到西班牙，极为一目了然。

触

我们如何在旅途中创造出像触摸一样温馨的东西，并将其带回家呢？答案是通过精神的感官，而非身体的感官，通过真正的人际联系和互动。就是这样。在我们的旅途中，触动某人或被某人触动会增强我们的体验，并在内心给予我们回报。当我们对其他人及其故事保持开放、好奇的态度，乐于将自己置于一种给予而非接受的位置时，机会就会出现。你会发现，参与到当地社区之中——或许是通过在孤儿院或为开发项目做志愿者——是在旅途中实现这一目标最为直接的方式。但是，当你选择与遇到的人互动时，也可能会发生这种情况——你永远不会知道一次对话可能将你带向哪里，也不知道随意的善举会带给你什么。知晓你真正激励了另一个人，或是对某人的生活产生了积极的影响，这是世界上最棒的感受。对你们双方来说，这都是一段将持续一生的记忆。

1 译注：正版流媒体音乐服务平台，2008年10月在瑞典首都斯德哥尔摩正式上线，提供免费和付费两种服务。

2 译注：原书中用到了西班牙语mi corazón表示"我的心"。

手工编织技艺在秘鲁代代相传。

将旅行带回家

从深爱的旅行中带回的旅游纪念品，可以用作更具功能性的提醒。它们将你的房子个性化，并将其变成一个家，还时常会与好奇的客人交谈。稍稍重新布置和装饰一下，你就可以将收集的珍宝修整成独具风格的样子，用你来自世界各地的物品让空间充满生机。以下是展示旅行纪念品的一些建议。

创建一面照片主题墙

大多数时候，我们的旅行照片只出现在网上。令人吃惊的是，当图像被放大、打印并精心装裱后，它的价值会高得多。挑选几幅图像，制成艺术品一般的相片。用一面主题墙来留存你最棒的作品和最难忘的时刻。

美化书架

储存你在旅途中收集的小玩意和珍宝，有一种简单且具有创意的方式，那就是放在装饰性的储物箱里。买几个款式相同的箱子：木质的给人以质朴的感觉，而清爽的白色则走极简风。在箱子外面写上目的地的名字，然后就把东西装到里面吧！你实际上是在创建一个旅行时光胶囊，将你所有的旅行纪念品都整理好。这些箱子对任何书架来说都不会构成负担。

做最时尚的电视迷

用来自世界各地的靠垫套来点缀你的客厅。你也可以这么处理床上用品！每件单品的风格不必相同。实际上，如果你进行混搭，那会更有趣。但要确保，你坚持相似的主题或色调，这样整体外观就会与你家的其他装饰部分保持一致。

展示和装饰

我在一个目的地旅行时购买的单品，通常是会在旅途中穿戴的实用物品。但有些时候我会买一些东西，因为我感觉那不仅仅是一件衣服，还是一件可穿戴的艺术品。手工制作的作品值得在装饰时突显，因此要在整个家中展示它们：将那条漂亮的连衣裙挂在你卧室的墙上；将秘鲁的绒球钥匙扣挂在门把手上或窗帘杆的末端；用陶瓷、小雕像和贝壳这类旅行带回来的小玩意以及一点想象力，来创造具有主题的迷你装饰组合；或只是在咖啡桌上精心摆放你的珍藏品。

展示来自哥伦比亚、法国和菲律宾的旅行珍品。

旅行小贴士

选择代表当地文化的物件，无论是来自印度的刺绣纺织品、来自法国里维埃拉（Riviera）地区的篮子，还是来自摩洛哥的小毯子和缀有小亮片的婚毯。尽量不要偏离你的个人风格和你家的整体审美，以避免不必要地购买一些最终被永远存放起来的物品。

香港彩虹邨柔和的色彩。

深爱迈阿密的装饰艺术区。

在威尼斯（Venice）很开心。

3.

一人游：目的地指南
WANDER LOVE
DESTINATION
GUIDES

"世界上你最喜欢的地方是哪里?"

尽管我花了很多时间跨越边界，并在我的人生目标清单上划掉各个地方的名字，但当人们问起我这个问题时，我很难给出一个简单的回答。我去过的每个目的地都有着自己的魅力、故事和记忆。

我在全球各地旅行时，把心留在了许许多多我到访过的地方，从墨西哥到摩洛哥，还有一部分我留在了我称之为家的城市里。

我的漫游之心去过的这六个目的地，我保证会让你感到兴奋并给你带来启发。每份指南都精心整理了用餐、购物、住宿和游玩的最佳地点，还额外提供了格调和旅行贴士的集合。

每个地方都与下一个稍有不同……

大洋洲：澳大利亚·墨尔本（Melbourne）

欧洲：西班牙·巴塞罗那（Barcelona）

南美洲：哥伦比亚·卡塔赫纳（Cartagena）

北美洲：墨西哥·图鲁姆（Tulum）

非洲：摩洛哥·马拉喀什（Marrakesh）

亚洲：菲律宾·巴拉望岛（Palawan）

第60页图：菲律宾巴拉望岛壮丽的景观。

左上图：布莱顿沙滩[1]（Brighton Beach）的更衣室。
右上图：科林伍德[2]（Collingwood）所有的好东西。
下图：克罗斯利街（Crossley Street）的巷道，就在位于市中心的柏克街[3]（Bourke Street）附近。

1 译注：位于澳大利亚墨尔本。

2 译注：澳大利亚墨尔本市北部近郊的一个区。

3 译注：拥有很多时尚精品店，是墨尔本著名的购物街之一。

大洋洲：澳大利亚·墨尔本

OCEANIA:
MELBOURNE // AUSTRALIA

从著名的咖啡和美食，到哥特式的建筑和时髦的艺术景观，澳大利亚文化之都的每个角落都会让人迸发出灵感。墨尔本是一个很酷且具有创意的目的地，经常被评为世界上最宜居的城市（现在已连续七年了），也是两年多来我称之为家的城市。大量的现场音乐表演场地，有着无可比拟的景观的天台酒吧，充满街头艺术气息的巷道，以及有待发现的隐藏魅力，意味着探索的每一天都绝不会乏味。

到访澳大利亚时，不要忘了安排周日的早午餐，这是大多数墨尔本人的周末惯例。如果你想知道如何融入当地人，穿黑色即可。很多人都穿黑色。

然后点上一份牛油果吐司。总是如此。

墨尔本AC/DC巷的街头艺术。

1

1.在艺术系列酒店探寻艺术品、蝴蝶椅和枝形吊灯。 2.在艾德菲酒店，古怪、酷和奢华全部融合在了一起。 3.艾德菲酒店快乐实验室里的战利品
4.墨尔本QT精品酒店的设计细节。

办理入住

艾德菲酒店
（Adelphi Hotel）

如果你像我一样，不可否认地爱吃甜食，那你就需要踏入世界上第一家以甜点为主题的酒店。那里有甘草什锦糖吧台椅、蛋糕图案的地毯，还有充满活力的沙发，上面的靠垫套看起来似乎可以拆开并在里面找到糖果。每间客房都配有一整罐免费甜点，出品自美食糖果店快乐实验室，还有不限量的电影。如果这还不够，我再告诉你点儿内幕消息：作为夜床服务的一部分，他们每晚会把自制的马卡龙送到你的房间。如果没有在著名的Om Nom Kitchen用餐，那在这里的住宿就是不完整的。在这家餐厅里，鸡尾酒很古怪，而甜点则是真正的艺术品。你会忘记，外面还有另一个世界。

adelphi.com.au

墨尔本诺特尔非酒店
（Notel Melbourne）

做出独特的选择，住在20世纪70年代漂亮的清风房车[1]里，而房车停在墨尔本停车库的屋顶上。诺特尔非坐落在CBD（中央商务区）的弗林德斯巷（Flinders Lane），一部分是精品酒店，一部分是房车停车场。你的临时住处所处的地点很宽敞，拥有私人平台，秉承极致的极简主义，所用皆为平滑的曲线，内饰是清爽的白色。带着相机抵达，准备办理入住！哦，如果你想知道的话，是的，客人确实可以免费停车。毕竟，停车场归诺特尔非所有。

notelmelbourne.com.au

艺术系列酒店
（Art Series Hotels）

想要达成有品位的艺术灵感之旅，艺术系列酒店的客房绝不会让你失望。城里有几间艺术系列酒店点缀其中，每一间都向一位不同的澳大利亚艺术家致敬，酒店内部随处可见其作品展示。普拉兰的卡伦艺术系列酒店（Cullen in Prahran）让你可以轻松前往我很喜欢的墨尔本市场之一，位于马路正对面的普拉兰市场[2]（Prahran Market）；南雅拉的奥尔森艺术系列酒店（Olsen in South Yarra）拥有玻璃底的泳池，且距离教堂街（Chapel Street）的购物区仅几步之遥；而北墨尔本的拉威尔艺术公寓（The Larwill Studio in North Melbourne）里的“工作区”客房，可以让你欣赏到皇家公园（Royal Park）宁静的景色，皇家公园是墨尔本最大的市内公园，你有时甚至会看到热气球在清晨从窗前飘过。每间酒店都提供自行车，而自行车是游览这座城市的绝佳方式。它们还提供艺术之旅、书籍和用品，让你富有创意地逃离尘世。

artserieshotels.com.au

1 译注：Airstream，其生产商美国清风房车有限公司是国际知名企业托尔集团下的一支，是北美历史最悠久的房车制造商。

2 译注：历史悠久的菜市场，形成于墨尔本淘金热时期，如今已成为当地的标志。

墨尔本QT精品酒店
（QT Melbourne）

我们都有那么一位朋友：打扮完美、超级时尚，总是知晓最新的时尚事件。如果这位朋友是一间酒店，那就会是墨尔本QT精品酒店。你将受到“混沌总监”的热烈欢迎，他们穿着精致，与工业风格的室内装饰相得益彰，酒店里面摆满了定制的设计师家具和精选的现代艺术品。而一旦你办理了入住手续，你房间里的宁静优雅就会立刻让你有想搬进来永远住在这里的冲动。啊，你绝对是可以习惯#QT生活#的，是吧？

qthotelsandresorts.com/Melbourne

圣哲罗姆屋顶酒店
（St. Jerome’s Rooftop Hotel）

在你看来，露营地最不可能出现的地方就是墨尔本市的屋顶上，但是圣哲罗姆确实把豪华露营提升到了新的高度。它有着让你的粉红梦想成真的帐篷，床上配有电热毯，可以在较冷的月份里让你的脚暖烘烘的（以免你还在犹豫是否在冬季的周末来此住宿）。更别提早餐了，还有意大利冰淇淋Gelato Messina！早餐会被送到你的帐篷里，而且每次入住都会免费赠送保龄球券。我住在这里就一直是一个快乐的豪华露营者，我相信你也一样。

stjeromesthehotel.com.au

周末的家是什么样子的：墨尔本的圣哲罗姆屋顶酒店。

吃喝

LA BELLE MIETTE

这间优雅的专业法式蛋糕店坐落于柯林斯街（Collins Street），让人想起了光明之城[1]的夏日浪漫。爱意弥漫在La Belle Miette的空气之中，被解读为“美丽的小东西”。你在这里可以找到美味的甜点，例如巧克力糖果、糖衣果仁，还有在我看来墨尔本最棒的马卡龙，是用纯果泥、优质的香草豆和盖朗德盐之花[2]制作而成的。我的首选是紫罗兰蓝莓马卡龙，但每种口味都绝对值得一试。另外，如果你时间紧张，他们甚至有可邮寄的马卡龙，精美地包装在一个可妥善寄出的礼盒中。马卡龙可以邮寄到澳大利亚的大部分地方。

labellemiette.com.au

LUNE CROISSANTERIE

专注于一件事并将其做到极致是有好处的。进入Lune：这是一间专注于牛角面包的面包店，位于以《星球大战》（*Star Wars*）为灵感、以太空为主题的仓库中。现在，当我说你需要尽早到那里时，我的意思就是要尽早。主柜台供应牛角面包（croissants）和可芬（cruffin，可颂和马芬的爱情结晶），都是从烤箱里拿出来后热乎乎地直接端过来的，午餐前被抢购一空的情况并不罕见。Lune实验室是一个温度控制在完美的18℃的玻璃房间，提供独家体验，需要在线预订才能享受三道点心之旅（其中两款是实验性质的，不在常规菜单中），还有可以无限续杯的咖啡，并且可以了解到内行对于牛角面包的奇妙世界的看法。必试推荐：想品尝酸味要尝试火腿和格鲁耶尔奶酪（Ham & Gruyere），想品尝甜味要尝试任何一款二次烘烤的牛角面包[3]，还要尝试所有可芬。是的。

lunecroissanterie.com

PANA CHOCOLATE

未经加工、有机的，不含乳制品、大豆、麸质和精制糖，我说的是巧克力和蛋糕。嗯，这是现实生活吗？Pana制作的甜点让你吃起来没有内疚感，其美味之选质地超级柔顺、丝滑，都是在墨尔本带着爱意，由手工制作而成的。它们是那种入口即化的美味。欧耶！必试推荐：可爱的Pana Pop[4]。再带上一份外卖的薄荷巧克力盒，留着稍后享用。

panachocolate.com

PIDAPIPÓ GELATERIA

当你想吃冰淇淋的时候，你会发现，Pidapipó的意式手工冰淇淋极为顺滑。它们的季节限定口味有着天鹅绒般的质地，每天由手工制作而成，并存放在不锈钢的带盖密封容器pozzetti中。他们说，在意大利都是这样存放的。另外，还可以将能多益巧克力酱（Nutella）淋在你的意式冰淇淋上，让你享用。现成的！是的，跑起来，不要用走的……即使当你深夜里想吃冰淇淋时，因为他们每周营业7天，每天到晚上11:00才关门。我们在那里见？

pidapipo.com.au

---

1 译注：City of Light，特指巴黎。

2 译注：Fleur de Sel de Guérande，世界上最顶级的盐之花。盐之花是近几年法式高级料理的必备调料，使菜肴的味道柔美清澈，让食材原味充分显露，比一般海盐含有更多的微量元素。

3 译注：Twice Baked，将已烤好的牛角面包加上馅料和装饰后再次入烤箱烘烤。

4 译注：Golden Gaytime（冰淇淋）白巧克力芝士蛋糕

入柯林斯街上的La Belle Miette，会将你立即传送至法国的巴黎。

Seoul Soul的韩式烤牛肉桶。

Om Nom Kitchen的招牌鸡尾酒之一：女孩
(Girls Night Out)。

表面洒满鲜花的、松软的里科塔奶酪松饼（ric
pancake）足够两个人享用。

BOMBA

Bomba是新型的西班牙工人酒吧，标志着回归到简单但美味的西班牙小吃tapas[1]上。来到这里，要么（1）坐在楼下的吧台边上，边观赏厨师工作边大快朵颐，要么（2）上屋顶享用下午点心，喝一杯餐前或餐后的饮品，或是喝一杯深夜鸡尾酒，同时欣赏墨尔本天际线的壮观景色。

bombabar.com.au

迪格雷夫斯街[2]（Degraves Street）

你很有可能听说过这条受人欢迎的鹅卵石巷道，因为它在中央商务区的中心拥有丰富的露天就餐选择。这是了解这座城市所能提供的氛围的完美方式，是墨尔本著名的咖啡文化和街头艺术场景的缩影。从寒冷冬日里香气四溢的汤，到以明亮的霓虹灯为标志的Doughnut Time[3]，迪格雷夫斯街上应有尽有，总是熙熙攘攘的，总是生机勃勃的，也总是会提供足够你品尝的美味和足够你观赏的美景。

SMITH & DAUGHTERS

在菲茨罗伊[4]（Fitzroy）一个街角的一座青石建筑里，有一家带有摇滚精神的餐馆，彻底打破了“素食必然乏味”这一观点。Smith & Daughters提供无可比拟的、以植物为基础的用餐体验。许多非素食主义者可能会惊讶于一顿素餐会有那么美味，你甚至不用是素食主义者，也不用喜欢摇滚乐，就可以在这里享用一顿美妙的素食。附近还有Smith & Deli，可以很方便地买到分量十足的美味三明治，里面的三明治会让你想到，走进纽约的熟食店，点一份高高堆满五香熏牛肉的黑麦面包。只不过在这里，是素食版本的。这里的思慕雪（沙冰）也是一流的。

smithanddaughters.com

SEOUL SOUL

我喜欢美味的套餐，一个你知道员工很友好、气氛很清冷的地方供应的价廉物美的套餐。我刚搬到墨尔本住的头几个月里，偶然间发现了Seoul Soul，它成为了我在当地很喜欢的地方之一。这是一家韩国餐馆，有两处店面：里士满区[5]（Richmond）舒适的店面，和诺斯科特[6]（Northcote）更棒的店面。在任何一家店面都可以以约10美元的价格吃到韩式烤牛肉桶！

seoulsoulgroup.com

TOP PADDOCK

你可能在美食博客和Instagram上看到过以“在墨尔本外出就餐”为主题的，装饰得五颜六色的松饼的照片。如果你还没弄清楚在哪里可以吃到这些松饼，那今天你可走运了。这家店位于教堂街，教堂街是里士满的主要街道之一，周边满是大品牌的总部和家具店。还记得我之前提到的墨尔本人及其周末的早午餐惯例吗？我不会一直等到周末，漫长的等待很可能会不可避免地导致我露出饿怒症的标签。我会安排在工作日去吃早午餐。一定要点里科塔奶酪松饼，分量非常大（与人分享是个好主意），超级松软，上面还洒有漂亮的可食用花朵。在其位于南墨尔本的姐妹咖啡厅TheKettle Black里也可以吃到这些松饼，这家店同样令人愉悦，也同样受欢迎。

toppaddockcafe.com

1 译注：西班牙美食的精髓，饭前开胃的小菜或是两顿正餐之间的点心。一般是盛放在小碗里的各种小食。通常，人们在酒吧点tapas是为了与朋友分享，边吃边喝边聊天。

2 译注：墨尔本的一条咖啡街。

3 译注：售卖甜甜圈的著名店铺。

4 译注：被称为墨尔本的“文艺聚集地”。

5 译注：墨尔本市中心河流东岸的多元饮食和文化街区。

6 译注：位于墨尔本北部。

OMBRA

当你有点想吃腌制的肉类并佐以意大利葡萄酒时，就请来这里。除此之外，这里还有比萨，清淡、酥脆，配以各种美味。但是我要说，别看菜单了，让友好的工作人员带你去品尝小吃吧。店里走休闲的复古别致风，非常狭窄，但是楼上的桌子很适合与一群朋友共享亲密的晚餐，也很适合度过约会之夜。

ombrabar.com.au

HIGHER GROUND

据他们的描述，他们并不像一家咖啡厅，也不像餐馆。当你踏入Higher Ground时，内部装饰将为全新的用餐体验铺设好场景。你不禁抬头看！该空间的天花板高15米，美丽的自然光线倾泻而下。他们的菜单展示了早、午、晚餐的创新食物，他们还供应特色咖啡，而葡萄酒单包含从南非到西班牙的各类葡萄酒。上楼去看看，再拍张照片。二层有绝佳的景观。

highergroundmelbourne.com.au

EVERYDAY COFFEE

这家店极为质朴，店如其名。Everyday Coffee是那种很快就会成为你常去之处的咖啡馆，因为那里环境舒适、员工友好，还一贯供应令人愉悦的咖啡一整天，每天都是如此。这里非常适合进行晨读，或在公用餐桌上用笔记本电脑开个简短的工作会议，或只是享用超棒的滴漏咖啡，因为咖啡馆经过深思熟虑后，采用了批量冲煮[1]法。可爱的自有品牌咖啡杯也很让人心动。

everyday-coffee.com

MARKET LANE COFFEE

他们的杯子实际上说明了一切："我们喜欢为爱喝咖啡的城市冲咖啡。"该店在城中有几处店面，你可以在一天中的任何时候满足自己对咖啡因的渴望。

marketlane.com.au

ST. ALI

在南墨尔本的一条小巷里，坐落着一座改装过的乡村风格的仓库，里面就是ST.ALi。在这个城镇里不难找到一杯好咖啡，但如果你想探寻无与伦比的咖啡，这里就是咖啡极受重视的地方，有冠军咖啡师等等。预约咖啡拉花的大师班，跟随行业中最优秀的人学习一些新东西。我在一节课上学到了非常多的东西，很有趣，同时信息量也很大。即便你无法像大师那样创作咖啡拉花，你也总是可以做出抽象的图案的（哼）。然后就请享受你的劳动成果吧。

stali.com.au

1 译注：batch brew，使用滴滤机批量冲煮咖啡。

右图：墨尔本的咖啡文化很强大。

We love to
make coffee
for the city
that loves
to drink

墨尔本时髦且极简的雅致。

购物

美食家们留出几个小时的时间，蜂拥至维多利亚女王市场[1]（Queen Victoria Market，参见第181页）。想去零售商业区，可以直接前往The Strand（thestrandmelbourne.com），在那里有COS、Rag & Bone和Acne Studios这类国际品牌，还可以到墨尔本中央购物中心（melbournecentral.com.au）和Emporium（emporiummelbourne.com.au）购买顶尖设计师的作品，Emporium还有造型美观的美食广场。

墨尔本柯林斯街

柯林斯街是中央商务区的主干道之一，里面有着两重世界：西区，俗称“纽约区”，在那里你可以在城市的金融区看到现代的摩天大楼、银行和保险公司；东边的‘巴黎区”则满是文物建筑、著名的精品店、高档零售商店和露天餐厅。前往巴黎区获得最佳的购物体验吧。

collinsstreet.com.au

南雅拉[2]（South Yarra）教堂街

从南雅拉火车站沿着情人步道（Lovers Walk）一直走，你就会走到教堂街，那是南雅拉富裕郊区的主要街道，那里是Sass & Bide、Zimmermann和Aje这类澳大利亚设计师品牌商店的所在地。然后再到普拉兰的教堂街集市淘古着，并在附近酷味十足的咖啡馆里午后小酌一下。

chapelstreet.com.au

科林伍德史密斯街（Smith Street）

在城镇的北面，在史密斯街上开始你的购物之旅。乘坐86路电车只需几分钟就可以从市里到达此处。这条街是菲茨罗伊和科林伍德之间的边界，处处透着复古的味道。当你沿街漫步时，你会看到各种精品店、工厂直销店、波西米亚混嬉皮士风格的咖啡馆和小店铺。如果你热衷于室内装饰，并想获取艺术灵感，那就关注一下史密斯街集市；喜欢古着和复古配饰的可以去Vintage Garage；想买文具、书籍和礼物，可以去Happy Valley。

smithstreetlife.com.au

---

1 译注：是著名的传统肉菜蔬果市场，也有很多干货摊位。

2 译注：位于雅拉河南岸，是颇具文化底蕴的传统富人区。

活动

→ 在Trophy Wife（trophywife.com.au）给你的指尖增添一点乐趣，再做做美甲，那是一间非典型的美甲沙龙。里面摆满了绿植，内部装饰极具斯堪的纳维亚风格[1]。打扮得极为可爱的女孩子们按照你要求的设计给你美甲，边上还放着音乐。准备好带着美甲艺术品离开，那将成为打开话匣子的话题。

→ 美丽的清晨，花一早上的时间在充满活力的布莱顿沙滩的更衣室（brightonbathingbox.org.au）前，在海边拍几张照片。不过务必要先查看天气预报！

→ 在科庭大楼（Curtin House）的屋顶电影院（rooftopcinema.com.au），在星空之下边欣赏非主流电影和新上映的影片，边来上一杯。该影院在12月至次年4月间开放。

→ 不要错过圣基尔达路（St Kilda Road）上维多利亚国家美术馆（National Gallery of Victoria）里国际艺术家的展览，以及美术馆位于联邦广场（Federation Square）的伊恩波特中心（Ian Potter Centre）里澳大利亚艺术家的展品（ngv.vic.gov.au）。

→ 渴望看更多的艺术品？去探索散布在城市里和城市周边的街巷，这些街巷展示了街头艺术家不断变化的作品。几个值得注意的热门展示：卢卡斯·格伦根（Lucas Grogan）在菲茨罗伊的摩尔街（Moor Street）和乔治街（George Street）的拐角处的杰作，那是用他标志性的蓝色和重复风格绘制的；通往AC/DC巷尽头的墨尔本花卉标志；以及琼森街（Johnston Street）上科林伍德技术学院（Collingwood Technical College）里基斯·哈林[2]（Keith Haring）那些充满能量的形象。

→ 从墨尔本出发，去探索大维多利亚地区：那里有大洋路[3]（Great Ocean Road），让你可以沿着世界上风景优美的沿海行车路线之一，欣赏美景（visitgreatoceanroad.org.au）；有适合徒步旅行和童话故事爱好者的格兰屏国家公园[4]（Grampians National Park，visitgrampians.com.au）；还有雅拉谷（Yarra Valley），可以喝点葡萄酒，而众所周知，喝点葡萄酒总会让我们度过一段美好的时光（visityarravalley.com.au）。

1 译注：Scandi，把工业美学和功能主义极简融合，北欧风的集大成者。

2 译注：20世纪80年代美国街头绘画艺术家和社会运动者。

3 译注：位于墨尔本西南，是全长近300千米的海滨公路，为全球不可思议的海岸线驾驶路线之一。

4 译注：澳大利亚大型的国家公园之一。

上图：澳大利亚墨尔本可爱、多彩的布莱顿更衣室。
下图：从墨尔本之星摩天轮（Melbourne Star）的一个独立吊舱里，俯瞰黄昏时分的城市景色。

旅行小贴士

打包行李和穿衣都要分层。墨尔本因其多变的天气而闻名，分层穿衣让你很容易根据气温变化增添一层或减少一层衣物。如果你想要做好充分的准备，也可以在小背包中装上一把小雨伞。时不时下雨在那里稀松平常。

买一张myki卡[1]，在城市的公共交通工具上使用。在中央商务区设有一个免费的电车区，在此范围内你可以免费上下车。

如果你在城市里开车，当电车停下来上下乘客时，请务必停在电车后等待，只可以超过行进中的电车。还有，不要对勾形转弯过于恐慌，你实际上只是从左车道上右转弯。你所需要做的就是在交叉路口的左车道上等待所有车辆通过，当你转弯方向的红绿灯变为绿色时，完成右转。太容易啦！

1 译注：墨尔本的公共交通卡，乘坐任何公共交通工具都要用到这张卡。

在墨尔本与我相遇。

打包

在墨尔本，一天有可能体验到四季。这个地方一开始会阳光普照，然后大风刮过，或许在此期间会下几个小时的雨。度过典型的墨尔本一天需要巧妙地分层穿衣，还要很好地巧妙分层穿衣。通过让你的外观保持休闲的学院风，还有一点点波西米亚风，多合一，就可以实现这一目标。这座城市里满是思想开放的当地人，这让通过风格表达自己成为一项有趣的实验。如果其他尝试都失败了，那就去寻求极简主义的打扮，只穿黑色（如前所述）。

在有疑问的时候，一身全黑的#今日穿搭#总会让你看起来像个当地人。

欧洲：西班牙·巴塞罗那

EUROPE:

BARCELONA // SPAIN

左上图：奎尔公园[1]（Park Güell）繁复的瓷砖。
右上图：波盖利亚市场（La Boqueria）里丰富的甜品。
下图：巴塞罗那的建筑。

1 译注：建于1900—1914年，被联合国教科文组织列为世界文化遗产。

从奎尔公园顶部俯瞰城市景观。

巴塞罗那这座文雅的国际化大都市是世界上受欢迎的城市之一，原因是多方面的。在众多原因之中，就包括其丰富的新艺术主义[1]建筑和中世纪的小巷，其充满活力的海滩和直到凌晨2点才开始的狂野的夜生活。更不用说加泰罗尼亚[2]美食的独特传统了：美味的tapas、火腿[3]（jamón，腌制火腿）、令人垂涎欲滴的吉事果[4]（churros）和甜甜的桑格利亚汽酒[5]（sangria）。

当然，还有这座城市闻名的启发灵感的艺术：富有创造力的天才安东尼奥·高迪（Antoni Gaudí）、巴勃罗·毕加索（Pablo Picasso）和萨尔瓦多·达利（Salvador Dalí）的作品创造出了与众不同的城市风光和精神。

西班牙的第二大城市被许多欧洲旅行线路涵盖其中，很容易理解它为何如此受欢迎。首府中弥漫着加泰罗尼亚的悠闲精神，午餐用餐时间很长，午后午休，还有地中海宜人的天气——巴塞罗那就是为了美好的生活而存在的。

1 译注：Art Nouveau，19世纪后期和20世纪初期的一种建筑和装饰艺术风格。

2 译注：临近地中海的一个地区，包括了西班牙东北部的赫罗那（Girona）、巴塞罗那、塔拉戈那（Tarragona）、莱里达（Lleida）的历史地理区，现属于西班牙。

3 译注：被称为西班牙三大小吃之一。

4 译注：又称为西班牙油条，外面酥脆，里面软嫩，中间为网格状，不油腻，颜色金黄，冷热皆宜。

5 译注：源于西班牙的wine punch，即混合型微酒精饮品，算是西班牙的国酒，主要以葡萄酒做基酒，加上当季时令水果浸泡，再加入一些柠檬汽水或朗姆、白兰地之类的酒勾兑而成。

办理入住

卡萨博馁酒店
（Casa Bonay）

他们说，两个人的头脑要好过一个人的。当一群来自巴塞罗那的具有创造力的人在一个项目上通力合作时，你就会知道，他们一定会做得很好。称卡萨博馁只是一家酒店，并没能公正对待这栋精致的建筑——酒店内设有餐厅、咖啡厅、果汁吧、24小时营业的商店和鸡尾酒吧，每一处都受到了地中海文化多样性的启发。这栋新古典主义建筑可以追溯至1869年，从上到下彻底修复过，位于巴塞罗那中心地带的扩建区[1]。从酒店步行15分钟即可到达顶级的旅游目的地，如标志性的大教堂圣家堂[2]（La Sagrada Família）和历史悠久的具有艺术气息的哥特式波恩（El Born）城区，附近还有当地的市场和美丽的公园。在住宿期间，你可以享用瑜伽垫、通过MUBI[3]播放的电影和免费室内WIFI，还有Libertine供应的早餐、令人难以置信的大堂餐厅，以及隔壁Satan's Coffee Corner（参见第95页）家的单品咖啡[4]。

casabonay.com

布鲁梅尔酒店
（Hotel Brummell）

布鲁梅尔酒店这样的地方很容易走入我的心间——不落俗套，远离繁忙的市中心，超级时尚，还有着丰富的灵魂。这是拥有二十间客房的环保型城市绿洲，可以让你在圣蒙特惠奇区（Sants-Montjuïc district）的El Poble-Sec拥有极具启发性的住宿体验。它位于一个游客较少的街区，但距离哥特区（Gothic Quarter）的中心地带也仅有20分钟的步行路程。酒店是由几位朋友合作创建的，其空间受到"热带现代主义"的影响，私密且具有想象力，其设计融合了异国元素和北欧风格，同时又并未丧失所处区域的地中海特色。每个小细节都经过用心设计和精心挑选。这栋19世纪70年代的建筑里摆放的都是定制家具，拥有宽敞、干净得闪闪发亮的客房，还有公共区域、一间桑拿浴室和一个露台游泳池。最重要的是，可以从屋顶俯瞰壮观的山景、城市景观和海景。每一层都有自动售卖机，用以替代客房服务（相当棒的主意）。你可以从自动售卖机里购买饮料、零食、糖果甚至是避孕套这类物品。用你的房卡付款即可！客人可以免费去上The Garage工作室的瑜伽课及其健心中心的健身训练班。真是幸福无比。

hotelbrummell.com

1 译注：Eixample district，其中eixample在加泰罗尼亚语中意为"扩张"。

2 译注：加泰罗尼亚语的全称为Basilicai Temple Expiatori de la Sagrada Família，译作"圣家族大教堂"，简称圣家堂，是位于西班牙加泰罗尼亚巴塞罗那的一座罗马天主教大型教堂。

3 译注：主打国际和独立电影的视频点播服务。

4 译注：single-origin coffee，某一特定产地、特定产区、特定种植园生产的咖啡，带有能够体现当地风土的独一无二的特殊风味。

右页图：卡萨博馁酒店这栋精致建筑的内外景观。

200
CASA BONAY
WELCOME TO
CASA BONAY
GRACIAS
THANK YOU

巴塞罗那的街道。

卡萨格拉西亚旅社
（Casa Gracia）

当你是一个预算有限的背包客时，有时很难找到一间不那么拥挤且不至于肮脏的如噩梦般的旅店。然而，在卡萨格拉西亚旅社，你体验到的将远不是典型的旅社生活。卡萨格拉西亚旅社位于格拉西亚区（Barri de Gràcia），拥有五十多间客房，于2010年开业，是该市的首家精品旅社。里面有私人客房，也有团体客房，还有公用厨房、一间酒吧和一间餐馆。旅社还设有一间大餐厅，里面展示着当地艺术家的绘画和摄影作品，还有宽敞的休息室和露台，偶尔会在那里举办一次性的活动和展览。从这里步行即可到达多个旅游景点。无论是和一群朋友在一起，或是成双成对，或是独自旅行，在这片极简别致且经过创意设计的空间里，总有适合各类游客的东西。

casagraciabcn.com

普拉提克酒店
（Praktik Hotels）

在西班牙连锁酒店普拉提克酒店里，每间酒店都有一个令人瞩目的独特主题。你可以选择闻着普拉提克备克瑞酒店（Praktik Bakery）新烤好的面包的香味醒来，这家酒店内设有一间面包店；在普拉提克花园酒店（Praktik Garden）的城市绿洲中更为亲近大自然；在兰布拉普拉提克酒店（Praktik Rambla）品味巴塞罗那的建筑史；而如果你像我一样是葡萄酒爱好者，就可以在普拉提克维诺特卡酒店（Praktik Vinoteca）里，让自己沉浸在葡萄酒的世界中。所有这些分店都提供简单但精致的客房和免费WIFI，每人只需再交5欧元就可享用早餐。从普拉提克维诺特卡酒店出发，步行约5分钟即可到达格拉西亚大道地铁站（Passeig de Gràcia Metro station）和高迪著名的作品巴特罗之家（Casa Batlló）。入住一间精致的酒店，那里的房费非常便宜，一周还有几次免费的葡萄酒品鉴会？算我一个。你好！

praktikhotels.com

玛戈特之家酒店
（Margot House）

酒店？什么酒店？如果你想在离家在外时住在更像家的地方，那扩建区的玛戈特之家酒店就是你最佳的选择。这家只有九间客房的小型精品酒店以低调的奢华、融合了日式和斯堪的纳维亚风格的现代和极简审美，以及个性化的服务引以为傲，这营造出了此处温馨怡人的环境。它是塞尔吉奥·杜拉尼（Sergio Durany）及其女儿桑德拉（Sandra）的心血之作，塞尔吉奥也是西班牙环保生活方式商店Natura（参见第96页）的所有者，而桑德拉拥有时装和配饰商店BE。这里还有图书馆、免费的自助式早餐和内部商店，你在店里可以买到酒店里用到的几乎所有物品，其中大部分都是由巴塞罗那当地艺术家设计的作品。这里的氛围平和、贴心，为夫妻和更成熟的游客提供住宿（不允许孩子入住）。

margothouse.es/en

吃喝

BLACK REMEDY DELIAND COFFEE BAR

Black Remedy是那种你路过后，会往回走几步，仔细看看里面有些什么的地方。大扇的窗户让你可以很好地欣赏到现代化的室内设计，你会看到有着头部轮廓的霓虹灯，里面写着“敞开心扉”——这正是吸引我走进去的原因。如果你在度假期间需要在笔记本电脑上进行一些创造性的工作，这是一个很好的去处。他们的冷萃咖啡[1]会让你继续坐下去；而如果你想吃美式熏肉三明治，那你也应该来这里。试试烤牛肉潜艇三明治[2]（Roast-beef Submarine）或熟食风格的熏牛肉三明治（deli-style pastrami sandwiches）。即便只是一杯自制的新鲜柠檬水，在欧洲夏日里为你解渴，也不会让你失望。

blackremedy.com

FEDERAL CAFÉ

Federal Café是由两位澳大利亚人创办的，他们希望将澳大利亚咖啡馆的生活方式带到巴塞罗那。Federal Café有两家店：一家在圣安东尼（Sant Antoni），另一家靠近著名的兰布拉大道（Ramblas），在哥特区一处安静的地方。这里是享用美味早午餐的好去处，尤其是当你想在尽情享受西班牙海鲜饭和tapas的空闲时段里，品尝美味的澳大利亚咖啡馆食物时。他们的菜单上有牛油果黑麦吐司、水煮散养鸡的鸡蛋和美味的拿铁咖啡。设计师杂志、插画和裸露的砖墙都是其出色的特征，而巨大的公共桌子意味着这里也是很棒的工作空间。

federalcafe.es/Barcelona

GRANJA PETITBO

在我抵达巴塞罗那的那天，这间可爱的街角咖啡馆就引起了我的注意。在从机场到酒店的路上，我坐着出租车经过扩建区，透过后座的窗户看到了Granja Petitbo招牌上醒目的白色字母，我知道必须去看看。这是一个舒适的空间，有着老派的乡村氛围，店里播放着雷鬼音乐[3]，供应有机的和健康的食物。他们每天更换菜单，在菜单上提供1
欧元的菜肴。他们还制作新鲜的果
汁、沙拉、蛋糕和三明治。还有特
别棒的咖啡。哦，他们还供应能多
益巧克力酱牛角面包（流口水）。他
们不接受预订，因此我建议早点去
吃早午餐，特别是在周末。或者是
做好准备，玩儿等待的游戏。

granjapetitbo.com

LA ESQUINA

La Esquina的手工料理只选用
时令食材，但总是带有非常特别的
“英式”风格（主厨来自英国）。店
内每天供应早餐和午餐，周四至周
六供应晚餐，是一间适合各种场合
的店铺，从下午边喝咖啡边聊天
到周末悠闲的午餐或豪饮的早午餐
你会发现，这里的鸡尾酒和咖啡一
样棒，还有许多自制的食品出现在

---

1 译注：cold brew，把研磨好的咖啡粉放入冷水或水混合物中，萃取长达12～20个小时，再利用特殊纸或过滤器滤出原液。

2 译注：通常是用从中切开的法式面包加上配料制成

3 译注：reggae tunes，源于牙买加，结合了传统非节奏、美国的节奏蓝调及原始牙买加民俗音乐，已发成为欧美摇滚乐主流的重要载体。

在Granja Petitbo体味拿铁人生。

哥特区的咖啡小店。

总是喜欢偷偷研究咖啡馆意式浓缩咖啡杯上的印刷样式。

顶级的办公咖啡空间——Federal Café。

必试推荐：2欧元的能多益巧克力酱吉事果。

菜单上。有自制的泡菜、蛋糕，甚至还有自制的巧克力榛子酱。这是一间独特而迷人的餐厅，位于巴塞罗那市中心。你在这里可以领会到，每一个小细节都是带着爱完成的。

aesquinabarcelona.com

波盖利亚市场（La Boqueria）

至少要去一次波盖利亚市场最好多去几次）。旧城区（Ciudad Vieja district）这个极受欢迎的大型食品市场吸引了大量的游客，但不要被吓住。当你踏足其间时，你将受到彩虹般的热带水果和新鲜果汁的欢迎。你再往里走一点，就会发现数量惊人的食品摊位在出售令人垂涎欲滴的巧克力、大量五颜六色的糖果和世界上几乎所有的食物。还有可以坐的地方，让你享用当地的各种美味（参见第172页）。

boqueria.info

NØMAD COFFEE LAB & SHOP

最好的冰拿铁。就这样。

nomadcoffee.es/en

SATAN'S COFFEE CORNER

在外面闲逛时，可以到这里喝杯咖啡，再吃点饼干，休息一下。内部装饰极为时髦，例如，浓缩咖啡机上的塑料被拿掉了，这样你就可以看到其内部。即便店名可能让某些人感到有些震惊[1]，但他们的咖啡确实不错。一间店铺在哥特区，还有一间在扩建区。两间店铺有着同样的朋克精神。

satanscoffee.com

1 译注：店名Satan's Coffee Corner直译为"撒旦的咖啡角"，撒旦是《圣经》中的堕天使，也称魔鬼。

XURRERIA

吉事果（加泰罗尼亚语中写作xurros）是西班牙版的甜甜圈。面团通过星形裱花嘴挤出来，再进行油炸。Xurreria就是可以在城市中吃到吉事果的地方。它们非常酥脆，一点也不油腻，确实是我尝过的最好的吉事果。但是你眨眼间就会错过！那是狭窄的外卖店，位于哥特区Carrerdels Banys Nous的8号，营业时间为早7:00到晚8:15（请注意，他们在下午1:30到3:30之间闭店，因为你知道的，那是午休时间！）。必试推荐：2欧元的能多益巧克力酱吉事果。他们总是会用到很多能多益（你现在可能已经猜到了，这种涂抹式的坚果酱是我的软肋）。太美味啦！

购物

ESE O ESE

ese O ese有一种自然的优雅，这个西班牙品牌于20世纪90年代诞生于巴塞罗那。该品牌在城里的所有店铺都有一种质朴的气息，其服装系列通过包含复古元素的视觉造型，传达出一种随心所欲、无拘无束的魅力。你肯定可以在ese O ese的每一件单品中找到两样东西：舒适和品质。该品牌的前提是专注于满足日常舒适性的天然、可穿着的设计，这些设计都是由柔软的彩色面料制成的。精细的印花带来了些许波西米亚混嬉皮士的风格，创造出轻松浪漫的服装系列。

eseoese.com

MERCAT ALTERNATIU PER A JOVES

该名字翻译过来就是“年轻人的另类市场”，这是一个二手市场，最好的描述就是所有擅长穿古着的潮人的圣地。你也可以在这里买到一次性的服装设计、tapas和纹身、书籍和化妆品。市场位于热闹的拉瓦尔（Raval），营业时间为每周六上午11:00至晚上8:30。

NATURA

如果有一家西班牙连锁店，我可以说我每次去都会发现并爱上一些新东西，那就是名为Natura的环保时尚和生活方式商店。它绝对是我在巴塞罗那最喜欢的商店。我在巴塞罗那期间，在那里花掉了很多欧元。它有着嬉皮士的雅致感，其产品用到的材料质量无与伦比。

naturaselection.com/en

PALO ALTO MARKET

Palo Alto Market每个月（除8月外）的第一个周末在上午11:00到晚上9:00之间举行。举办地点距离海滩仅有几个街区。你在这里能够品尝到当地食物，浏览设计师商品、衣物及艺术。即便你不想把任何东西带回家，这里也值得拿着冰淇淋去逛一逛。入场费为4欧元。

paloaltomarket.com

格拉西亚大道
（Passeig de GRÀCIA）

如果你的购物品位倾向于奢侈品和高街品牌，就请前往格拉西亚大道。在这条大道上，你会发现各种奢侈品牌，例如路易威登、普拉达和华伦天奴，还有COS和来自同一瑞典时尚集团[1]的& Other Stories这类最酷的高街品牌。当然，还有西班牙时装连锁店Zara和Mango。还可以去Bimba y Lola[2]选购衣服、鞋子和配饰，去Oysho[3]选购漂亮的游泳、休闲和度假服装。

barcelonapaseodegracia.com/en

---

1 译注：COS和 & Other Stories都是H&M集团旗下的高端品牌。

2 译注：西班牙小众轻奢品牌。

3 译注：和Zara同属Inditex集团。

哥特区
（BARRI GØTHIC）

在被称为哥特区的美丽街区里，宏伟而神秘的小巷会让你流连忘返。除了迷人的广场之外，还有很多商店待你去探索，从更为商业化的区域Portal de l’Àngel街[1]到Avinyó街上的小精品店。以下是几处值得你留心的地方。

LA MANUAL ALPARGATERA：麻底布面便鞋[2]（espadrilles）是欧洲夏日里的终极选择，也是你在西班牙的必买物品。La Manual Alpargatera的生产车间就在店铺的后面。该品牌已经制作了近一个世纪的麻底布面便鞋，是该手工艺的领先者。挑选一双经典的系带款，让服务员教你如何系好带子。

lamanualalpargatera.es

L’ARCA：浪漫弥漫在L’Arca中（原名L’Arca de l’Avia）。那是一间华丽的复古服饰店，就在Oliver（见右侧）旁边的拐角处。《泰坦尼克号》（*Titanic*）中凯特·温丝莱特（Kate Winslet）的晚礼服就是在这里制作的。他们收藏了令人难以置信的古董婚纱，特别是舞会礼服，还有20世纪初散发着超凡脱俗的优雅气息的高端复古时尚服饰，包括蕾丝手套和珠宝等配饰。你也会找到日本和服，以及香奈儿、爱马仕和迪奥这些奢侈品品牌设计师出品的别致的帽子和手袋。如果你的日程上有什么特殊场合的安排，那就可以在这里买一件令人惊叹的纪念品。

larca.es

LOVE VINTAGE：古着爱好者，这家店是为你准备的。很难错过他们在Carrer de Bertrellans上的黑白色招牌。Love Vintage自2011年4月开业以来，每周上新，周一上午到货，到了下午，你就可以从货架上选购新品了。大多数服装来自20世纪70年代到90年代之间，但是也有稍早一些的，还有新的乐队T恤。店主偶尔也会展示他们自己制作的单品。

lovevintage.es/en

OLIVER：它被描述为一家“为你家”提供“装饰”的商店，但这并非你在Oliver找到的唯一物品。你会被迷人的枝形吊灯所吸引，小彩灯首先会引领你看到各式各样轻松带有波西米亚风格的衣服和配饰，之后当你走到后面的时候，还会看到家具、家居用品和地毯。这是一间超级梦幻的商店，你很容易就会迷失其中，并从几乎所有类别中挑选几个小物件。

worldsoliver.net

1 译注：巴塞罗那旧城区的一条步行街，靠近加泰罗尼亚广场，是巴塞罗那访问人数最多的地方。

2 译注：泛指帆布鞋面草绳编织底的鞋。

活动

→ 如果说有人负责塑造巴塞罗那的美感，那这个人就是西班牙的建筑天才安东尼奥·高迪。他在城市里的奇妙作品绝对值得一看。它们包括多层的巴特罗之家（casabatllo.es/en）、奎尔公园令人难以置信的马赛克瓷砖（从那里也可以看到令人叹为观止的城市景观parkguell.es），以及圣家堂，那是自1882年起一直在建造中的大教堂，尽管还未竣工，但已被联合国教科文组织选为世界遗产（sagradafamilia.org）。

→ 在毕加索博物馆（Picasso Museum）深入了解西班牙画家巴勃罗·毕加索的生活（museupicasso.bcn.cat）。更多地了解毕加索的艺术手法，迷失在他最为著名的作品之中，并在美丽的庭院里被带回到过去。安排在周日的下午3:00以后，或每个月的第一个周日参观，可以免费入场。

→ 在地中海的水域里畅游。在欧洲的夏日里，如果没有在海滩上度过一天，那巴塞罗那之旅怎么会是完整的呢？放松，人们在旁边观看，骑着自行车转悠，或和当地人一起打排球。之后就在水边享用一顿配酒的午餐。生活真美好！

→ 下午午睡一番。午睡：午饭过后，在下午早些时候（大约下午2:00到5:00之间），小睡一会儿。

→ 尽情享受西班牙热腾腾的海鲜饭盛宴（海鲜总是我的首选）、美味的小吃拼盘（指的是tapas），当然还要干一罐桑格利亚汽酒，这是西班牙的国酒。

→ 来一场自创的tapas之旅：就像泡吧一样，只不过有tapas。用各种tapas犒赏你的味蕾，在兰布拉大道的主街上，穿越多个地点，品味多种口味。

→ 穿上高跟鞋，把头发放下来（男生，请穿上漂亮的衬衫），到Sala Apolo跳一晚上舞。

高迪的另一处建筑杰作。

旅行小贴士

在西班牙，传统做法是午餐吃一顿大餐，晚餐相对没有那么丰盛，因此你要确保到中午时胃口大开，这样才能充分享受西班牙的饮食方式。

许多商店在下午2:00到5:00之间歇业午休，它们在周日和公众假期也会休息。酒吧和餐厅可能在下午4:00左右到晚上9:00左右之间的任何时间歇业。你要相应地安排购物和外出就餐的时间。

兰布拉大道这类拥挤的地方最有可能遭遇扒手。要留心，保管好个人物品，以避免成为目标。

打包

巴塞罗那的波西米亚能量具有传染性，中世纪的小巷很神秘，里面的人充满生机。保证你看起来是随性、轻松的，以便融入当地人之中。打包休闲、舒适的单品。

左页图：感谢在巴塞罗那度过的美好时光。
上图：在奎尔公园，带着绝对的敬畏仰望。

南美洲：哥伦比亚·卡塔赫纳
SOUTH AMERICA: CARTAGENA // COLOMBIA

左上图：La Paleterria的口味选择。

右上图和左下图：充满艺术气息的格茨马尼（Getsemani）街区。

右下图：石墙城内。

我在南美洲最初独自旅行时，目的地就包括哥伦比亚。这是一次纯粹为了快乐而进行的旅行——没有工作的承诺，没有免费的住宿让我去点评，也没有旅行计划。最精彩的部分？加勒比海岸（Caribbean）的女王：卡塔赫纳。

卡塔赫纳的殖民地古镇是联合国教科文组织的世界遗产——被有着500多年历史的石墙环绕的，是色彩鲜艳的彩色建筑，阳台上挂满了藤蔓、花朵，迷宫般的鹅卵石街道和哥伦比亚文化欢快的节奏随处可见。

该目的地是一个真正的步行城市，步行起来最轻松，也最好步行去探索。
你可以漫步在充满历史和文化的生机勃勃的街道上，沉浸在感官的氛围之中，
到市里的一间露天咖啡馆里，吃一两根水果味的冰棍。
卡塔赫纳海岸附近的二十七座珊瑚礁岛屿是隐秘的宝石，
美丽的海滩距离城市只有很短的船程。夜幕降临时，
什么都比不上跳舞——在俱乐部跳萨尔萨舞[1]或bachata舞，
在街上跳坎帕塔舞[2]，或是参加当地人在户外公共广场上举办的尊巴舞[3]班。

不需要舞伴，但高能量是必不可少的。

你是知道哥伦比亚人的：他们非常清楚该如何跳舞，也喜欢跳舞。

1 译注：salsa，一种拉丁风格的舞蹈，热情奔放的舞风不逊于伦巴、恰恰，但却比它们更容易入门。

2 译注：champeta，起源于大西洋沿岸的非洲移民，后发展于卡塔赫纳。

3 译注：zumba，一种健康时尚的健身课程，它将音乐与动感易学的动作还有间歇有氧运动融合在了一起。

办理入住

卡萨罗拉酒店
（Casa Lola）

在卡塔赫纳历史悠久的古城的城墙之外，就是格茨马尼街区，那里曾经是卖淫和毒品的天堂。卡塔赫纳的许多街区都有着充满故事的复杂过往，正如这些街区一样，格茨马尼逐渐成为一个充满活力的且具有艺术品位的社区。尽管已经得到了修缮，但它还是很真实，比城墙内的街道砂砾要多一些。偶然发现卡萨罗拉酒店这颗宝石是件让人愉悦的事，那是一间拥有十间客房的精品酒店，位于两栋分别建于17世纪和19世纪的殖民地建筑中。它别致、温馨，所配家具来自世界各地。附近有很多必去之处，例如可爱的咖啡馆、餐厅、酒吧，还有一间杂货店。它甚至和备受欢迎的酒吧Havana（参见第110页）在同一条街上，因此在跳完萨尔萨舞的深夜里，很容易回到离家在外的临时住处。这里还有一个屋顶游泳池，可以让你稍微放松一下。在卡塔赫纳的高温之中，你绝不会后悔住在拥有泳池的酒店里。

casalola.com

卡萨圣奥古斯丁酒店
（Casa San Agustin）

古城是市内游客最多的区域，但如果你想要近距离接触一切，这就是适合你的地方。在一个目的地，总是有一处最终停留的地方，而对于卡塔赫纳来说，卡萨圣奥古斯丁酒店无疑就是这么一个地方。这里简直就是奢华别致的代名词，其殖民地时期的遗产和建筑唤起了该城市17世纪丰富的历史，所有这一切都在三栋粉刷得很漂亮的房子里，其中有二十间客房和十间套房。该酒店距离Casa Chiqui（参见第114页）也仅有几步之遥，那是我在卡塔赫纳最喜欢购物的场所。是危险，还是幸运？由你来决定。

hotelcasasanagustin.com

第104页图：哥伦比亚五彩缤纷的街道。
右页图：从卡萨罗拉酒店的上方俯瞰。

10B34
Santa Ana

木瓜旅馆
（Hostel Papaya）

与卡萨罗拉酒店相距几个街区的木瓜旅馆，位于格茨马尼街区这块具有艺术性的宝石的中心地带，是更为社交化和更经济实惠的选择。它吸引了一大群人：喜欢喧闹派对的人较少，仍然喜欢玩乐的成熟探险者居多。客房很干净，哥伦比亚式的早餐被包含在房费之中。还有公共休闲区，每周都会在那里举办免费的舞蹈课。对于掌握坎帕塔舞的动作来说，这是不让人畏惧的方式。旅馆的正前方是一个大广场，有很多当地人会在那里闲逛，偶尔还会举办自发而成的、充满活力的尊巴舞蹈课，售卖哥伦比亚美味街头食物的摊位晚上会在广场上开设店铺。一定要试试玉米饼[1]（arepas）！那是一种传统的玉米饼小吃，里面有不同的馅料，像是肉馅或奶酪，是哥伦比亚的日常主食，也很美味！

facebook.com/papayahostal.getsemani

LA PASSION HOTEL

如果你在寻找魅力、氛围和游泳池实用性的那种完美结合（因为你需要游泳池来战胜卡塔赫纳炎热潮湿的天气，请相信我），有着八间客房的精致的精品酒店La Passion正适合你。它位于古城内部，就在卡萨圣奥古斯丁酒店的拐角处。你可以在屋顶泳池欣赏到令人难以置信的美景，可以在其酒吧餐厅中享用精选的鸡尾酒、法国葡萄酒、龙虾和当天捕捞上来的鲜鱼，更不用说极为细心周到的员工了。早餐是一天中最重要的一餐：你可以选择欧陆早餐[2]或加勒比早餐。我建议选择后者，并在迷人的露台休息室中享用。你知道那句话是怎么说的……在罗马时[3]……你不知道？

lapassionhotel.com

左页图：卡塔赫纳迷人的殖民地建筑。

1 译注：由玉米面制成，通过烘烤、烘焙或油炸等方式形成美味的、柔软的质地。

2 译注：continental breakfast，只提供咖啡、茶、牛奶、黄油、果酱、面包和果汁等的简单早餐。

3 译注：这里想表达的是“入乡随俗”。

吃喝

ÁBACO LIBROS Y CAFÉ

尽管哥伦比亚是世界上最大的咖啡生产国，但在卡塔赫纳找到一杯像样的咖啡也可能并非易事。走进Ábaco Libros y Café，那是一间古色古香的书店和咖啡馆，实现了其创办者长久以来珍视的梦想：在卡塔赫纳充满历史的城墙内，在海边拥有一处文化场所。Ábaco坐落在熙熙攘攘的环境之中，可一旦你踏足其中，它就会为你提供宁静、安宁和独处的环境。你可以将自己埋在书山里。最重要的是，他们倒出来的咖啡是镇上最棒的。这里也有WIFI可用。

abacolibros.com

ALQUIMICO

你到Alquimico不会仅仅是为了大口喝上几杯酒，以此来增强你的信心并开始夜生活。吸引你的是富于变化的和冒着烟的（就是字面上的意思）手工鸡尾酒，那是由最棒的酒保和调酒师调制的，他们和蒂姆·波顿（Tim Burton）电影里的人物一样富有创造力且“前卫”。Alquimico就位于古城的中心地带，类似于曼哈顿（Manhattan）的地下酒吧，处于精心调整过的仓库空间之中。周五和周六可以在其屋顶上看到热闹的户外舞蹈。在卡塔赫纳，Alquimico已经将饮酒转变成了一门艺术。必试推荐：热情果茶（Passion Tea）和Salitre。

alquimico.com

CAFÉ HAVANA

“举世闻名”的Café Havana是伴着现场演出乐队演奏的古巴音乐，小口品着莫吉托[1]（Mojito），同时欣赏萨尔萨舞的地方。它在晚上10:00到11:00之间开始收拾，准备打烊。要做好准备：这里的饮品价格很昂贵，但是值得来这里体验忙碌的氛围，并让自己彻底放松下来。

cafehavanacartagena.com

CAFÉ LUNÁTICO

店主是一对夫妇，女店主来自卡塔赫纳，男店主来自加泰罗尼亚。这家店承诺为味蕾提供独特的烹饪体验。这里是早午餐，或是午餐的首选之地，因为这里氛围轻松，新鲜的原料采购自当地，食物品质超高，价格却很实惠。平日很适合来这里轻松地喝杯咖啡（最好是冰沙[2]），如果你喜欢的话，也可以来一杯含羞草鸡尾酒[3]（mimosas）。如果想周末去，建议进行预订，因为他们可能会非常忙碌。他们偶尔也会举办即兴活动。必试推荐：他们家的各种tapas，从上午11:00供应到晚上11:00。在店里时，点上一罐桑格利亚汽酒，和朋友一起为了周末而干杯！

1 译注：有名的朗姆调酒之一，起源于古巴。

2 译注：frio，西班牙语中的“冷”。

3 译注：原版由鲜橙汁与香槟调配而成。

右页图：穿上舞鞋，在Café Havana让它们好好派上用场。

CAFÉ HAVANA

DEMENTE

在格茨马尼附近，有一处潮人的热点地区，我喜欢到那里玩儿上一晚。里面的灯光很昏暗；供应顶级的tapas和手工比萨；播放着风格多样的音乐，从骤停打击乐[1]、蓝调和法兰克·辛纳屈[2]（Frank Sinatra）的音乐，到flapper[3]爵士乐、雷鬼音乐和雷·查尔斯[4]（Ray Charles）的音乐，都能迅速混合起来；里面有一群好看的当地人和有教养的外地人。其古怪的装潢会让每任艺术鉴赏者都有宾至如归的感觉，例如印有哥伦比亚诗人Raúl Gómez Jattin诗句的手绘盘子，以及用作名片的瓶盖。夜晚从晚上9:00就开始了。如果你是独自一人在酒吧闲坐，那就请期待富有魅力的闲聊；又或者是你发觉自己和朋友们在那里，一边啜饮Demente优质的混合鸡尾酒，一边在铝制摇椅上摇晃，这里用这种摇椅取代了旧式的标准椅子。

facebook.com/demente.com.co/

LA CEVICHERIA

当你听几乎每个人都说一家餐厅的好话时，你就得去看看了——而每个人都会推荐到La Cevicheria品尝这座城市里最棒的酸橘汁腌鱼（ceviche）。这是一家小且迷人、不加装潢的餐馆，位于古城的最上端，那里的海鲜品质非常好。这里不接受预订，总是有人排队，因此你将名字写在等候名单上之后，可以跑到街对面的酒吧里消磨时间，但要留好肚子，因为它值得等待。点些什么？绝对要点酸橘汁腌龙虾（ceviche de langosta），泡在柑橘味但又刚好够甜的汤里，旁边还放着两包苏打饼干。小贴士：坐在户外的餐桌前，享用一顿露天午餐，还会有人旁观。

lacevicheriacartagena.com/en

LA PALETTERIA

如果我还没有说清楚的话，我再强调一下：卡塔赫纳的气温在飙升。需要透气的布料，一天冲几次冷水澡才能感觉清爽。棒冰（paletas）总是很适合让你在闲逛期间稍作停留。想要丰富的口味选择，请到La Paletteria挑选。在店里悠闲地吃完棒冰，而如果你要走到外面，就要准备好超级快速地吃完。你不希望它融化后都流到你手上，这是我第一次吃时学到的脏兮兮的教训！在走了好几个小时之后，这些棒冰将拯救你，或是试试街头推车里售卖的椰子柠檬水（limonada de cocos）也是降温的好办法。

lapaletteria.co/en

1 译注：funk，崛起于20世纪70年代，由黑人爵士乐演变而来。

2 译注：出生于1915年12月12日，先后创造了无数的畅销单曲、专辑，得奖记录亦不胜枚举。

3 译注：“爵士时代”是美国作家菲茨杰拉德创造的文艺术语，指的是从一战结束到经济大萧条开始前极尽奢华的10年。生活在这个年代的女性渴望获得等同于男性的地位，这些先锋女性被称为flapper girl，她们剪掉长发，换上宽松而华丽的裙子，代言了属于自己的flapper style。

4 译注：灵魂歌王，将福音音乐的灵性与蓝调音乐结合起来，被尊为“灵乐之父”。

左页图：今日的棒冰口味——泡泡糖。

购物

我发觉最让我满意的是从卡塔赫纳街头小贩那里买东西。我几乎每天都会路过，停下来和当地的卖家练习西班牙语，这些卖家说话时带有温馨的加勒比海岸口音。我接下来会去上舞蹈课。你在这座城市五颜六色的街道的每个角落，都可以看到很多摊位，售卖各类商品，例如巴拿马草帽、手工水桶包、木质沙锤和绒球，什么都有！还有几家精品店，逛起来让人心情愉悦。以下是我最喜欢的几家。

CASA CHIQUI

想象一下：在一个温暖的午后，你走在卡塔赫纳生机勃勃的街道上，偶然发现了一处宝藏。不同于市场，这里有宝藏可寻，但不用那么费力去找——从家具和家居用品到服装和时尚配饰，所有东西都很别致。店里的物品五颜六色、五花八门，与地板的黑白格子图案形成鲜明对比。这里有来自世界各地的设计——哥伦比亚、墨西哥、印度尼西亚（Indonesia）、印度、摩洛哥——甚至还有与国际设计师和土著部落联名出品的限量版珠宝和配饰。这是镇上零售购物的目的地，在这里可以找到神奇的东西。

casachiqui.com

LAS BÓVEDAS

Las Bóvedas（西班牙语的“保险库”）所在的地点，原本被建造为储存军火的防弹地牢，之后被用作监狱牢房，现在则或许算得上卡塔赫纳最知名的市场。这里售卖传统的哥伦比亚服装、手工艺品、珠宝和绘画，是一家一站式的商店，可以买到各种纪念品。它有着忙碌的氛围和明黄色的巨大墙壁，就在海边。你不会错过的。

ST DOM’S

St Dom’s精心挑选了哥伦比亚前沿设计师的作品，使得为心爱之人或是你自己在卡塔赫纳选购当地的奢侈品礼物变得格外容易。在卡塔赫纳的首间概念店和设计师集合地里，你会发现高端的时尚服饰、艺术品、书籍、珠宝和家居用品被陈列在宽敞而时尚的空间里。可以这样想：巴黎有柯莱特时尚店[1]（Colette），纽约有Opening Ceremony[2]，而卡塔赫纳有St Dom’s。它是白色的、明亮的，有我喜欢的所有东西！最重要的是，他们让事物保持新鲜和有趣。

stdom.co

1 译注：可以说是第一家玩概念的小店。

2 译注：时尚潮牌精品店。

图： 在St Dom’s概念店的购物疗法。
图：Casa Chiqui里色彩缤纷的展示。

活动

→ 报名参加舞蹈课：萨尔萨舞、坤比亚舞[1]、bachata舞或称为坎帕塔舞的卡塔赫纳当地舞蹈。坎帕塔舞是一种民间音乐和舞蹈的风格，起源于大西洋沿岸非洲裔社区。新的音乐节奏总是一种你从在哥伦比亚的旅行中带走的特殊纪念品。和你的酒店确认一下，大多数酒店都会举办免费的舞蹈班，或是绝对可以推荐一个地方。我在卡塔赫纳中心区的Crazy Salsa（crazysalsa.net）上过许多堂舞蹈课，那一直是令人愉悦的体验。

→ 到罗萨里奥群岛（Rosario Islands）一日游。有一件事他们没有提到，那就是前往群岛的途中，浪特别大，但一旦你到达那里，一切就都是值得的。如果你也是浮潜爱好者，这里很不错，烤鱼也超级美味。

→ 到圣费利佩城堡[2]（Castillo San Felipe de Barajas）上欣赏美景。不要忘了带上你的相机！

→ 如果你是独自旅行，并对摄影装备抱有相对谨慎的态度，那就在“这是卡塔赫纳”（ticartagena.com）预订卡塔赫纳摄影之旅。你会被带到小街上，寻找隐藏的拍摄机会和上镜的角落，由当地摄影师帮你与当地人沟通，并更多地了解卡塔赫纳背后的文化和历史。该行程会在日落时分，在古城的城墙边结束，你在那里可以拍摄到美丽的剪影照片。

→ 火山泥浴是一种更适合背包客的旅行体验，但值得一提。你应该知道的是，你不能为自己或朋友拍照片，拍照需要花钱。手机需要付一笔费用，相机也需要付费。还要注意，这里有很多蚊子！

1 译注：cumbia，南美国家哥伦比亚流行的一种拉丁风格舞蹈。

2 译注：建于1639年，是以前遗留下来的军事堡垒，非常壮观。。

左页上图：在卡塔赫纳的摄影之旅中发现的格茨马尼的街头艺术。

左页下图：坤比亚舞是一种在拉丁美洲很流行的舞蹈，最初是哥伦比亚和巴拿马（Panama）沿海的非洲人求爱的一种表示。

旅行小贴士

出租车是从机场到古城的最佳选择。这一趟应该花掉你9 000到15 000哥伦比亚比索，约有15分钟的车程。

在镇上和格茨马尼，几乎一切都在步行范围之内，因此逛起来很容易，但也有很多出租车。上车前要询问价格，还要注意，他们只收现金。

外出就餐时，务必要求看一下每日套餐（Menu del Dia），否则你就会拿到贵得多的游客菜单。

哥伦比亚比索。

打包

拉丁文化通常倾向于性感的一面。尽管哥伦比亚的其他城市有这样的特点，但卡塔赫纳的热带气候，类似于墨西哥的图鲁姆等其他加勒比城市，赋予了其风格不同的侧重点。要想着时尚和优雅，但仍然要带点悠闲和放松。

街头购买墨西哥宽边帽（sombrero）。我买了两种款式，你能猜出是哪两种吗？

左上图：普韦布洛（Pueblo，图鲁姆闹市区）的路标。

左下图和右图：图鲁姆主海滩的休息区。

北美洲：墨西哥·图鲁姆
NORTH AMERICA:
TULUM // MEXICO

我一直以来都远远地欣赏图鲁姆的美丽，之后我一次又一次地去到那里。
这座曾经沉睡在墨西哥加勒比海岸上的小镇，现已成为一片精神绿洲，
尤其是对时尚人群来说。这是那种自然而然就让你吃得更健康、坐得更高，
并练习#每日瑜伽#[1]（或是至少试着去做）的地方，只因为它时尚且随性。
从主海滩路（Boca Paila）到图鲁姆闹市区（当地人称为普韦布洛Pueblo），
这个地方有一种精致而又悠闲的魅力。

图鲁姆或许不再是墨西哥不为人知的秘密，但这不会妨碍你立刻爱上
这片丛林天堂。如果你热爱阳光、营养丰富的食物（墨西哥食物是我的最爱！）
和原始状态的海滩，这里就是一个令人焕然一新的地方。
你到这里可以减压、放松并清零几天或几周。
只是不要忘记带防晒霜，或是驱虫剂。

1 译注：Instagram上的标签#yogaeverydamnday。

SERVICIOS TURISTICOS
DEL CARIBE
PLAYA PESCADORES
SNORKELING SPORT FISHING

第123页图：我亲眼所见的最蓝的海水和最白的沙子
上图：距加勒比海仅几步之遥的可可图伦酒店。

办理入住

阿祖里克度假酒店（Azulik）

阿祖里克度假酒店是真正的恋人天堂：浪漫的生态度假村只允许成年人入住，里面有阳台和秋千，可以在上面欣赏图鲁姆青绿色的海域那令人惊叹的景色。它是为成年人建造的树屋，也是令人难忘的树屋。在这个度假村里，对自然的欣赏已经无法用言语来描述，具体体现在其受自然环境启发的有机建筑，以及对确保度假村自我可持续性的系统的应用上。园区内甚至还有一处天坑cenote，石灰石基岩坍塌时，暴露出下面的地下水，从而形成的天然水池），为所有客房供应圣水。是的。看一眼他们的Instagram，你也会被迷住的。

azulik.com

可可图伦酒店（Coco Tulum）

可可图伦酒店旧式的小屋可能是海滩上最物有所值的住处。它们简约、宽敞、干净，有着质朴的时髦感。你住在这里时，清晨展现的场景有点像是：伴着太阳起床，赤脚走在白色的沙滩上，舒展身体（你实际上距离水边只有几步远），在吃上健康的早餐之前，先游个泳，清醒一下。有了这么棒的开端，你总是会期待接下来的一天。如果你不喜欢早起，我敢肯定，这里很快就会改变这一点。

cocotulum.com

好朋友酒店（Los Amigos）

如果想选择更安静的酒店，那图鲁姆镇上的好朋友酒店就是个聪明的完美选择。你需要搭乘出租车往返于主海滩区和酒店之间，因为走起来算得上是长途跋涉了。但是镇里主干道上的餐厅、酒吧和商店就在附近。在按摩浴缸里洗个泡泡浴，早上在屋顶泳池里游个泳来开启你的一天，或是骑着酒店的自行车出去兜风。隔壁还有一所语言学校——如果你在墨西哥的时候想学点西班牙语的话，那就方便了。¿Por qué no?（为什么不呢？）

losamigostulum.com

NOMADE

Nomade波西米亚混嬉皮士-吉普赛的氛围会让人想起马拉喀什。每天上午在贝都因人[1]的搭帐篷里开瑜伽课，里面挂着吊床，可用于午后午睡之用，其装饰以印有乡村风格的摩洛哥印花的纺织品为特色。如果你想要犒劳自己或唤醒灵魂，这里就是主海滩上的首选——他们经常举办灵性方面的研讨班。Nomade很壮观，其创作团队与创作Be Tulum和Yäan的是同一批人。与Nomade比邻的Be Tulum就在海边的悬崖边上，同样很酷；而Yäan是相关的健康水疗中心。你会成为一个快乐的（并焕发活力的）豪华露营者，确实如此。

nomadetulum.com

1 译注：Bedouin，亦作Beduin，属于闪含语系民族，是以氏族部落为基本单位在沙漠旷野过游牧生活的阿拉伯人。

一整天都是炸鱼玉米饼，每天都吃。

在Tulum Art Club和Coffee Bar度过我的工作日。

BATEY MOJITO AND GUARAPO BAR

“人人都知道Batey，”他发短信说，“只要问一下前面停着大众甲壳虫汽车的地方就行了。”确实如此，Batey Mojito and Guarapo Bar因停放在其前面的颜色鲜亮的大众甲壳虫汽车而广为人知，他们在车里供应薄荷味的新鲜鸡尾酒，还有鲜榨的甘蔗汁可以随取随用。这里是在普韦布洛喝饮品并欣赏现场音乐的场所。它有很棒的庭院，当地人、外国人和游客都在这里享受美味但低调的食物和饮品，及其悠闲的氛围。

facebook.com/bateytulum

GITANO

粉色的霓虹灯招牌在缀满枝叶的入口上方闪烁，反映了Gitano这间餐厅和龙舌兰酒（mezcal）酒吧所有良好的氛围。这里是周五在迪斯科舞会上享用晚餐和跳舞的好地方，也是周日在现场音乐的伴奏下喝东西的好去处。从他们具有创意的鸡尾酒单上选一种Mezcal Mule鸡尾酒。有点贵，但非常值得。

gitanotulum.com

CASA JAGUAR

周四太阳落山时，Casa Jaguar是个好去处，他们会在晚上举办丛林派对（Jungle Party）。这间精致的餐厅里摆满了郁郁葱葱的绿植，整间餐厅的灯光都很昏暗，显得很浪漫，中心还设有庭院舞池。鸡尾酒是一个亮点——Maria Sandia是我的最爱，其中包含龙舌兰、西瓜和酸橙，最后在杯边围上盐边。如果你在寻找晚餐的选择，他们会在烧木头的砖炉中烤制当天捕获的海物，还有烤海鲜和肋眼牛排的菜式，这些食物的分量都大得令人满意。置身于这种风景如画的露天丛林环境之中，你拥有了两人享受甜蜜的亲密空间，但一群人在一起同样很愉快。

casajaguartulum.com

FLOW

你可以轻松地在FLOW晃荡一整个下午，这是一间不可思议的素食餐厅，就藏在普韦布洛的和谐格兰屏精品酒店（Harmony Glamping and Boutique Hotel）的后面。菜肴由产自其自有菜园的新鲜原料烹制而成，而在你需要咖啡因修复的炎热日子里，冰咖啡可以拯救你（顺便说一下，那些冰咖啡真的是太棒了）。你在离开这里之前一定要尝尝甜品——点一份Mango Tango，感觉到你的味蕾在跳舞！FLOW也有泰国之夜（Thai Nights，我在打下这些字时，一边回忆着那些味道，一边垂涎三尺），还在其户外的休闲放松区域设置了秋千座椅。我无法忘记他们绝妙的音乐品味，你会用Shazam一首接一首地识别歌曲。

facebook.com/flowtulum

LA POPULAR & MACONDO

Nomade酒店里有两间著名的餐厅：La Popular，一间以鱼市为灵感的海滩餐厅，信奉可持续采购的海鲜；Macondo，供应有益健康的天然食物，旨在从内心疗愈，并滋养灵魂。到La Popular吃午餐，点一份当天捕获的海物，搭配你选好的腌料烹制，或是在Macondo尽情享受素食和蔬菜菜肴，这些菜肴都是由自然的和有营养的农产品烹制而成的。

nomadetulum.com

HARTWOOD

如果你发觉自己在这里吃晚饭，那你太幸运了——如果你没有预订，通常得排队等空桌。它很可能是图鲁姆最有名的餐厅，绝对不容错过！他们每天更换菜单，其特色是用新鲜海鲜和当地农产品烹制的菜肴。我觉得最好在服务员过来介绍特色菜时，让他们帮忙推荐。

hartwoodtulum.com

POSADA MARGHERITA

仅仅是Posada Margherita的果汁就足以让你一去再去。大口喝"解除重金属毒性"的绿色果汁，你的皮肤绝对会感谢你。但是意大利面——哦，意大利面！——则是另一回事了。它是现点现做的，顶级的原料被用来烹制非常美味的菜肴——虾和西葫芦意大利面，还有用海水稍稍煮过的刚捕捞上来的鱼，都是令人垂涎欲滴的美食。他们有一套精心设计的海滨设施，你在那里可以欣赏海景，并消磨下午的时光（如果你想找住的地方，他们也提供温馨的公寓式住宿）。

posadamargherita.com

右页上图：把车停到Posada Margherita。
右页下图：像当地人那样吃：椰子配上少许酸橙和一点辣椒。

POSADA
MARGHERITA

1

1. 墨西哥和拉丁美洲设计师的产品。 2. KM33的绒球帽。 3. 古老的革条帮平底凉鞋（huaraches）色彩缤纷的演绎，这是一种墨西哥凉鞋。

购物

JOSA TULUM

你在当地品牌Josa里可以找到以复古为灵感的、可以从早穿到晚的、不起皱的土耳其长袍（kaftan）和连衣裙。创始人来自纽约和墨西哥，于2009年在主海滩路上正式开设了他们的首家精品店。每件单品都细致体现了图鲁姆无忧无虑的生活方式以及纽约时尚精致的生活方式。

josatulum.com

KM33

当你看到五颜六色的绒球时，就要踩下自行车的刹车！你发现了KM33：一家独一无二的精品店，集合了墨西哥和拉丁美洲最棒的设计师的作品。店铺以树屋为灵感，你可以在Hartwood餐厅（参见第128页）和Sanará酒店之间找到它。这里有很多草帽、手绘篮子、有趣的异域情调珠宝和色彩缤纷的绒球饰品，让人兴奋不已。

km33tulum.com

LA TROUPE

你很难错过La Troupe。它位于Boca Paila上的一个集装箱内。它精心挑选墨西哥设计师设计的服装、配饰和家居用品，为你提供了图鲁姆常见的随性的关键要素。这里还有飘逸的土耳其长袍、金色调的珠宝和各种绣花纺织品。

latroupe.com.mx

LOL TULUM BOUTIQUE

就在你要走到Posada Margherita（参见第128页）的餐厅区之前，右手边有一家舒适的海滩精品店。你会被挂在外面的漂亮比基尼所吸引而走进店里，里面陈列着来自墨西哥和美国的小众设计师的奢侈精品品牌服饰。这里空间狭小，但你一定要找过去看一看。

posadamargherita.com

WANDERLUST

Boca Paila附近有一条鹅卵石铺成的小巷，通往名为La Placita（小广场）的甜蜜购物区。Wanderlust就在此处，里面收集了你抓住图鲁姆装扮中毫不费力的时尚感所需的所有物件。你会发现精选的轻薄罩衫、草帽、皮质凉鞋和珠宝，还有我最喜欢的有机棉的露背连衣裙，这种连衣裙被设计成可以以不止一种方式穿着。寻找其在入口外的地面上摆放的手绘招牌。

instagram.com/wanderlustulum

活动

→ 游泳穿过天坑。在墨西哥的尤卡坦半岛（Yucatán Peninsula）上有七千多个天坑！必去之地：神圣蓝色天坑（Cenote Ik-Kil），这里有瀑布和郁郁葱葱的悬挂式绿植，以及双眸天坑（Cenote Dos Ojos），是由一个大地穴连接起来的两个天坑。你可以自己探索，去找寻几个神奇的天坑。

→ 漂流穿过圣卡安国家公园（Sian Ka'an National Park），该国家公园被联合国教科文组织列入了世界遗产名录，里面有红树林、森林和带有堡礁的一部分海域（visitsiankaan.com）。

→ 继续你在萨纳拉瑜伽工作室（Sanará Yoga Studio，sanaratulum.com）的练习。"萨纳拉"在西班牙语里的意思是"你会痊愈"。在工作室里可以俯瞰图鲁姆海滩青绿色的海水。

→ 选一个周日的晚上，到La Zebra（lazebratulum.com）上一堂萨尔萨舞课，这样就可以在海滩上享受些许赤脚的乐趣。

→ 开发新的语言技能，并学习西班牙语。Meztli（meztli.mx）是图鲁姆镇上的一所学校，提供语言课程，以及烹饪课程、瑜伽和萨尔萨舞课等免费的活动，还有团体远足，你额外支付费用就可以参加。

→ 在Mayan Clay Spa（mayanclayspa.com）做一个全身精油按摩，再涂上Mayan黏土面膜，度过快乐的时光，以此来犒劳自己。这会给你的皮肤带来神奇的效果，让你感觉到放松并恢复活力。宠爱自己总是个不错的主意。

→ 在图鲁姆玛雅遗址（Ruinas Mayas de Tulum）上欣赏图鲁姆美丽海洋的壮丽景色。图鲁姆玛雅遗址是在悬崖边上岌岌可危的玛雅围城废墟。旅行小贴士穿上你的泳衣，走楼梯到废墟下面的海滩上去。海滩上午8:00到下午5:00开放，入场费每人40比索。

→ 在令人惊叹的玛尔卡酒店（Casa Malca），补一堂当代艺术课。这栋豪宅最初归20世纪80年代声名狼藉的哥伦比亚毒枭帕布罗·埃斯科巴（Pablo Escobar）所有，现在是一间精品酒店和艺术画廊。

→ 预订到阿库马尔[1]（Akumal）的一日游。这里距离图鲁姆约有半小时的车程，是在野外浮潜并与绿色的海龟一起畅游的好去处。

1 译注：位于坎昆南90千米，是著名的水上俱乐部。

在双眸天坑漂流而过。

旅行小贴士

图鲁姆的餐厅和过夜生活的场地大多是露天的，而且在丛林中要随身带好驱虫剂来驱赶蚊子。

大部分参观和商店只接受现金。你可以用墨西哥比索或美元来支付，但出于汇率的原因，用比索支付更划算。周边有许多自动取款机。只是要在你用自动取款机之前确定，无论你怎么选，都只会给你当地的货币。

如果你要租自行车，试着召集一群人，再租得时间长一些，以便拿到折扣价格。

在图鲁姆玛雅遗址的时光倒流之旅。

打包

适合女孩子们的是毫不费力的卷发（或光滑的低丸子头）、飘逸的连衣裙（可选择穿内衣）以及自然的古铜色光泽（总是如此）。男生应该保持放松和随意的风格。而且，“没有鞋子，就没有烦恼”！

上的生活，我喜欢的那种生活。

左上图：马拉喀什麦地那（Medina）Atay Cafe屋顶上的日落。
左下图：La Famille咖啡馆和商店。
右图：在Nomad Restaurant的屋顶就餐。

非洲：摩洛哥·马拉喀什

AFRICA:

MARRAKESH // MOROCCO

一抵达非洲大陆的西北角，迎接你的就是粉红色的墙壁，
他们还会用（放在配套的托盘上的）闪闪发光的银质茶壶给你倒上摩洛哥薄荷茶。
你知道，你进入了另一个世界：红色之城。

摩洛哥无疑是一个神奇的地方，因其波西米亚风情和充满异域情调的生活方式，
而一直高居我人生愿望清单的榜首。其生活方式与我一直以来的生活方式
大不相同。其深受人喜爱的城市马拉喀什确实很热情，
但它也是一个有着标志性的历史、独特的文化和传统的目的地，
它拥有的这一切都超越了典型的完美明信片目的地。
需要进行全面研究之后再去该地，带着高度的意识和尊重，
以及开放的心态，最好还有一个旅行伙伴（这是我个人推荐的）去旅行。

在麦地那（老城）的露天市场里漫步难免会迷路（这都是体验的一部分），
拍照的机会到处都是（但是一定要先问一下是否可以拍照，
这是个非常敏感的问题）。看到新的生活方式会让你受到启发，
去尝试新事物并学习新东西。

到马拉喀什旅行，我最具创造性和艺术性的梦想得以成真，
我真想立刻回到那里。

Musée de Marrakech
Medersa Ben Yussef

第139页图：漫步于旧城中。
左图：厄尔芬恩酒店的每个角落都有着美丽的细节。

办理入住

厄尔芬恩酒店
（El Fenn）

厄尔芬恩酒店曾经是一座摇摇欲坠的宫殿，被改造成了美丽的精品酒店，是富有创意的和时尚的游客留在马拉喀什的终极住所。厄尔芬恩酒店的演变颇为引人注目：理查德·布兰森[1]（Richard Branson）的妹妹瓦内萨·布兰森（Vanessa Branson）买下它，当作度假屋，但却将其发展成了现在包含二十八间风格独特的客房和套房的住处，里面还有屋顶露台和餐厅（必去的用餐之地！），以及摆满摩洛哥品牌的精心设计的精品店。在种满树木的宁静庭院中，你偶然会遇到一家常住在这里的乌龟，它们只是随意地闲逛。这里距离城市的主要广场吉马广场[2]（Jemaa el-Fnaa）仅有5分钟的路程，步行即可到达麦地那熙熙攘攘的、如迷宫般的小巷。

el-fenn.com

拉玛穆尼亚酒店
（La Mamounia）

如果你想像摩洛哥皇室一样生活，那就请住在拉玛穆尼亚酒店。这家宫殿酒店是真正精致的五星（或许星级更高）豪华仙境。其二百间客房分布在占地8万平方米的花园内。这座花园是有门禁的，就位于旧城的中心地带，毗邻著名的吉马广场。但是，外面的喧嚣不会干扰到墙内的你，一旦你穿过大门，进入宫殿般的壮丽建筑，你就会发现自己置身于平静和宁静之中——某种拉玛穆尼亚魔法。你很容易花上几个小时的时间探索这个阿拉伯童话世界，里面铺着异国情调的瓷砖，花园丰饶，喷泉波光粼粼，还有最令人惊叹的室外和室内游泳池区。如果预算中没有大手笔的住宿费用，请务必至少享受一下豪华水疗中心的传统摩洛哥蒸汽浴护理（hammam treatment）。在水疗中心，你可以欣赏到拉玛穆尼亚酒店的景色。蒸汽浴和酒店的景色都会让你难以忘怀。

mamounia.com

1 译注：维珍集团创始人。
2 译注：又称“不眠广场”。

利雅得贾丁机密酒店
（Riad Jardin Secret）

就像西班牙和墨西哥有特色酒店卡萨[1]一样，摩洛哥也有利雅得[2]。利雅得是有着中央庭院的大型传统住宅。在马拉喀什，这类房屋有很多已经被改建成了酒店。利雅得贾丁机密酒店是两个爱情故事的产物：第一个是摄影师谢丽埃勒（Cyrielle）和艺术总监朱利恩（Julien）这对巴黎夫妇之间的爱情故事，第二个则是这对夫妇和马拉喀什之间的爱情故事。他们很久以前就爱上了这座城市，一次又一次地回到这里。他们想要彻底改变生活方式，于是两个人离开了时尚界，搬到马拉喀什定居，在古董区创建了这座真实的、私密的、有创造性的避风港湾。其悠闲的氛围为客人提供了一种不同的生活节奏，简单且缓慢。庭院里养着两只小狗，种着漂亮的棕榈树，搭着秋千，还有自然的户外淋浴。客房里没有电视和空调，但是你会发现有很多角落可供休息，屋顶上还有个圆锥形的帐篷。在这里度过的时光将激励你放慢速度、阅读、素描、做梦……贾丁机密酒店有着自由奔放的巴黎魅力，对素食主义者也很友好。

riadjardinsecret.com

RIAD BE

Riad BE从一开始就带给人超凡脱俗的体验：在机场接机后，你一抵达他们华丽的精品空间，他们就会为你奉上薄荷茶和传统糖果，这片空间鼓励你就是要（BE）快乐、富有灵感、体味当下。酒店位于马拉喀什市中心的贝杜卡拉（Bab Doukkala），步行很方便地就能到达露天市场和该市最受欢迎的景点。体贴周到的风格让这间利雅得给人一种家的感觉，放在木质梯子上的书，旅行指南和游戏，免费的新鲜水果和不断续水的凉水壶。从其内部装饰到热情好客的风格，Riad BE奢华且富有艺术气息，而且确实很有效。

be-marrakech.com

亚斯曼摩洛哥传统庭院酒店
（Riad Yasmine）

亚斯曼摩洛哥传统庭院酒店有七间客房和套房，每一间都拥有自己的私人庭院和独特的装饰，其装饰在现代舒适感和传统风格之间达到了完美的平衡。这里有丛林墙艺术，有一个可用作理想放松地点的屋顶，还有一个闻名于Instagram的游泳池，每个来到马拉喀什的人似乎都能把这个游泳池拍得美美的（顺便说一句，最好从上面拍）。从酒店步行不到10分钟即可到达本·优素福清真寺（Ben Youssef Mosque）、阿尔摩拉维德王朝纪念碑（Almoravid Koubba）和马拉喀什博物馆（Marrakesh Museum），这使该酒店成为徒步探险者的心中首选，也让他们的探险变得极为容易。

riad-yasmine.com

1 译注：casa，英文中指“房子”。
2 译注：riad，相当于“民宿”。

入住马拉喀什麦地那老城的一间
利雅得，享受独特的体验。

吃喝

CAFÉ DES ÉPICES

你在一天之内要逛那么多露天市场，你需要一个非常棒的中途修整处，而Café des Épices就是一个必去之处。这里价格低廉，供应地道的摩洛哥美食，并营造出友善、轻松的氛围。你可以在紫红色的建筑中找到编织的凳子和低矮的木质桌子，你在那里可以享受悠长的午餐。当人们俯瞰哈巴凯迪玛广场（RahbaKedima，香料广场——这家咖啡馆在NOMAD的另一端）时，或用他们的免费WIFI刷网页时，选择一款他们巧妙设计的三明治，再搭配上清爽的果汁。

cafedesepices.net

NOMAD

对于“现代摩洛哥”美食（传统的当地菜肴以及带有摩洛哥风味的国际菜式）来说，有时髦的NOMAD，就隐藏在哈巴凯迪玛广场的一个角落里。这是一间热闹的餐厅，如果你想要里面最好的餐桌，那你就需要预订——你确实想要餐厅里最好的餐桌，它位于屋顶露台上，在最靠近广场的角落里，就在闪耀的灯笼下方，可以俯瞰面向阿特拉斯（Atlas）山脉的麦地那的景色。内部装饰清新雅致，兼具斯堪的纳维亚的酷和传统摩洛哥的装饰风格。其食物专注于新鲜的本地食材。每一餐都会供应摩洛哥的硬皮面包（khobz，一种圆形的扁面包），而深受喜爱的季节性拼盘[1]（mezze plate），配上橄榄和酸奶面包，就是不错的头盘。预订一顿落日时分的晚餐，并沉浸在马拉喀什的魔法之中。

nomadmarrakech.com

厄尔芬恩酒店

如果你到马拉喀什旅行时不住在厄尔芬恩酒店，那你至少要去吃顿饭。最好的选择是，中午到屋顶露台享用当天的摩洛哥午餐套餐。午餐套餐是手写在一块大黑板上的，根据时令食物而调整。或者是可以选择去楼下的鸡尾酒酒吧餐厅，喝上一杯高水准的饮品，或享用一顿亲密的晚餐。

el-fenn.com/eat-and-drink/

1 译注：开胃菜或小菜的拼盘。

ATAY CAFE FOOD

你会被色彩缤纷的地毯和不匹配的家具吸引进去，它们营造出了清凉、舒适的氛围，让你可以享用一杯咖啡（或薄荷茶），并观赏摩洛哥世界的流逝。嗯，反正我就是这样做的。但是不要就停留在那里，每一层都会呈现新的东西，而屋顶是在麦地那之中享受安谧宁静的地方。屋顶被遮盖住了，顶棚的薄板条在午后的阳光下形成错综复杂的阴影。夜幕降临时，悬挂的灯笼为晚餐营造出了浪漫、温馨的氛围。菜单上有典型的摩洛哥菜，还有能多益巧克力酱可丽饼（Nutella crepes）。你们知道我有多喜欢能多益巧克力酱可丽饼。好消息是：Atay Café在能多益巧克力酱上毫不吝啬。

acebook.com/ataymarrakech

LE JARDIN

我第一次到马拉喀什时，最先想品尝的饭就是塔吉锅炖鸡（chicken tagine），这一愿望在Le Jardin成功得以满足。如果你想在绿树成荫的植物园中就餐，就请穿过其位于麦地那的低调的前门，来品尝传统的摩洛哥和欧洲美食。你会在入口处看到新鲜的农产品。这里是午餐或晚餐的绝佳选择，或者只是在郁郁葱葱的绿色植物中享用一杯冷饮。

lejardinmarrakech.com

LA FAMILLE

“向左转，在两家售卖飘逸的土耳其长袍的商店中间，你会看到一扇黑门，那应该就是了。”我在寻找这家咖啡馆时问到的女士如是说道，那是我计划要去的地方。有时，你想要做的只是躲开撒哈拉（Saharan）的烈日，休息一下，而混乱之中的平静就在La Famille之中。这家供应午餐的餐厅营业时间为中午到下午5:00，坐落于一座质朴且迷人的地中海风情花园中。来吃一顿午餐，在香蕉树和橄榄树下就餐，从每日更换的新鲜且简单的菜单中挑选菜品。或者只是来享受一杯清爽的薄荷水，在让人身心舒适的阴影中，看看他们可爱的商店，里面摆放着美丽的皮具、陶器和珠宝。

instagram.com/la_famille_marrakech

满是绒球篮子和定制的篮子。

神秘的灯笼。

挂毯的色彩组合。

购物

麦地那的露天市场

如果不去逛一下麦地那的露天市场，那在马拉喀什的购物体验就将是不完整的。老城错综复杂连接在一起的小巷里，到处都是售卖灯笼、手工银饰、摩洛哥拖鞋[1]（babouche slippers）、坐墩、皮革制品、糕点、阿拉伯式的地毯，还有许许多多其他东西的商店。它们是这座城市的心跳。麦地那的商店通常每天上午10:00到晚上7:00营业，周五下午除外，周五它们一般会提早关门。如果你在寻找某件特定的东西或特别的东西，那就雇一名向导。你不仅会极为欣赏他们的知识，而且他们必须深入到混乱的街道中，寻找特定的手工珍品。否则，漫步在露天市场中，然后迷路，绝对是马拉喀什体验的一部分——你的五种感官都会活跃起来。这也是预期会进行讨价还价的地方，因此一定要提高这些技能（参见第186页，如何像老板一样讨价还价）。

1 译注：前脚掌又尖又薄，大多有后鞋跟，可以拖鞋、便鞋两穿。

GALERIE DES CRÉATEURS

如果你觉得露天市场让人陶醉的吸引力有点令人不知所措，但还是想尝试一下，那就去带长廊的Souk Cherifia，类似于购物中心，就在莫阿辛街（Rue Mouassine）附近。这是一家传统的购物中心，营业时间为上午10:00到晚上7:00。有三层楼：一层售卖传统的摩洛哥商品；二层是当地工匠制作的具有现代风格的产品，以固定价格出售；三层是La Terrasse des Épices，一个放松、吃点东西，再喝一口薄荷茶的地方。这里售卖的产品，其工艺质量也要高于你通常在麦地那的露天市场中找到的产品的质量。

33 RUE MAJORELLE

33 Rue Majorelle与露天市场刚好相反：那是一间高品质的概念精品店，代理六十多位设计师的作品，其中大多数设计师都是当地的能工巧匠。这个时尚别致的两层楼空间位于繁华的盖里兹区（Guéliz district），恰好与当红的马约尔花园（Jardin Majorelle，参见第148页）隔街相望。这里很宁静，摆满了现代摩洛哥时尚和家居用品（还有一家小吃店！）。你会发现波西米亚混嬉皮士风格的奢华服饰、镶嵌着铆钉的摩洛哥拖鞋、酒椰芭蕾平底鞋和麻底布面便鞋、彩色围巾、串珠耳环、带图案的瓷器和银茶壶。来这里享受高档的购物体验。

33ruemajorelle.com

活动

→ 漫步于马约尔花园（jardinmajorelle.com/ang/）之中，那是一个神奇的花园，里面树木茂密，还有三百多种外来植物。此处的建造者是法国画家雅克·马约雷勒（Jacques Majorelle），后来归时装设计师伊夫·圣罗兰（Yves Saint Laurent）所有。它现在是高级时装设计师伊夫·圣罗兰永恒的安息之地。

→ 享受一下传统的摩洛哥蒸汽浴。这是一种感官上的体验，包括去角质的搓澡、涂满摩洛哥海泥（矿物黏土），再用摩洛哥坚果油进行镇静的按摩。需要推荐吗？看看Hammam de la Rose（hammamdelarose.com）和拉玛穆尼亚酒店（参见第141页）吧。

→ 去探索巴伊亚宫（Palais de la Bahia）。该宫殿建于19世纪，名字意为“辉煌”。你将欣赏到很多令人印象深刻的庭院。

→ 沉浸在吉马广场繁华、多彩的混乱之中。那里有耍蛇人、海娜[1]纹身师和杂技演员，还有现场音乐。

→ 置身于清真寺中：欣赏麦地那的本·优素福清真寺里铺设的彩色釉面（马赛克）瓷砖的繁复细节，并在库杜比亚清真寺[2]（Koutoubia Mosque）这座马拉喀什最大的清真寺中，倾听对祈祷的召唤。

1 译注：纹身材料被称为海娜，人们采摘下这种灌木的叶子，将其磨成极精细的糊状物。

2 译注：被誉为北非最美丽的清真寺。

拉玛穆尼亚酒店黑白两色的天井。

旅行小贴士

夏季（5—8月）的气温很高，在粉红墙壁的建筑旁和狭窄的小巷里，气温甚至还要更高。一定要及时补充水分，将行程安排在清晨或傍晚，以躲过一天中最热的时段。

麦地那很混乱，你定然会迷路。如果有人走到你面前提供“帮助”，你接受了帮助，就要准备好给他们一些迪拉姆[1]。

拍照时要留意文化敏感问题——拍照在他们的传统中是一项受到质疑的活动。有些当地人可能会要求支付几迪拉姆作为回报，而其他人根本就不想拍照，有时他们可能甚至会因为你在附近拍照而朝你大喊大叫。在给任何人拍照之前，都一定要询问一下。

要看管好你的个人物品，并守好你的钱袋，因为那里有很多扒手。

1 译注：dirham、摩洛哥、阿联酋、埃及等国的货币单位。

黄昏时分，享用晚餐时俯瞰吉马广场。

打包

对于像摩洛哥这样保守的国家来说，打包和着装可能都很棘手，尤其是当你还要应对极为炎热的天气时。尽管保证穿戴不露肤是尊重人的做法，但保持凉爽也至关重要。你要专门挑选透气的面料，并打包宽松、舒适的服装。遮住你的肩膀，配上印花和色彩，一定要再带上一顶帽子。

在La Famille午休，躲避酷暑。

亚洲：菲律宾·巴拉望岛

ASIA:

PALAWAN // THE PHILIPPINES

左上图：菲律宾人的微笑。

右上图：爱妮岛（El Nido）卡德劳岛度假村（Cadlao Resort）里让你宠溺自己的棚屋。

下图：科隆镇（Coron）七宗罪岛（Siete Pecados）的浮潜。

菲律宾这颗“东方明珠”是由七千多座岛屿组成的群岛，
其中巴拉望岛是最大的一座岛屿，近年来被评为世界上排名第一的岛屿。
石灰石岩层、清澈湛蓝的水域……你一定会在这里拥有属于你自己的，
类似于莫比[1]（Moby）的《极致》（*Thailand*）时刻（和20世纪90年代的
狮子座一起，肯定能启动天堂之旅）。该群岛的这片区域中，
最受欢迎的地区包括爱妮岛，
那是巴拉望岛上的一个自治市，以及位于布苏安加岛（Busuanga Island）
东部的科隆镇。

有趣的事实：巴拉望岛上的爱妮岛实际上是作家亚力克斯·嘉兰（Alex Garland）的《海滩》（*The Beach*）一书的灵感来源。他在爱妮岛上生活时，写出了自己最畅销的小说，但是创作许可证却将电影的拍摄地安排在了泰国（Thailand）的皮皮岛（Koh Phi Phi），自那以后，皮皮岛的旅游业就呈现了爆炸式的增长。

爱妮岛和科隆镇都会让人在岛上感受到极致的狂喜。和任何热带旅游目的地一样，岛上有两个季节：旱季（12—5月）和雨季（6—11月）。
一旦你体味到这两个地方其中一处的滋味，我确定你还会再来。
更有理由去探索这两座岛了！拿上一个椰子，
把头发散下来，是时候过岛上生活了。

1 译注：音乐人，其单曲《极致》成绩突出。

Patikan
Yakal

办理入住

爱妮岛

卡德劳岛度假村
（Cadlao Resort）

一对法国-菲律宾夫妇在2011年开设了卡德劳岛度假村和餐厅，他们创造了一个奢华的避风港，融合了两个世界最精华的部分。这里是一处岛屿度假胜地，服务触手可及，在门口即可欣赏到爱妮岛海岸的自然奇观，从无边泳池里可以欣赏到卡德劳岛的绝美景观。你可以选择海景房或园景房，两者的风格都很简约。花园是围绕原本就有的椰子树而设计的，适合午睡的吊床散落其间。房费中包含早餐，而早餐以法式长棍面包为特色（毕竟一位店主是法国人）。务必晚上到放松小屋里，享受一套全身的组合按摩。他们用的是当地产的有机精油，在按摩其间听到的大海的声音绝对会让你感到幸福无比。

cadlaoresort.com

爱妮岛桃花心木海滩酒店
（El Nido Mahogany Beach Resort）

住在爱妮岛镇上的桃花心木海滩酒店里，去附近的餐厅和酒吧都很方便。两个人可以预订一间以椰子树和巴奎特湾（Bacuit Bay）里的岛屿为背景的小屋。如果你叫上了一小群朋友来过岛上生活，那就订一套别墅。酒店设有户外按摩浴缸。整个度假村的设计都充满现代气息，同时利用上等木料和竹子的细节，保留了当地的传统风格。

elnido-mahogany.com

生态探索岛
（Eco-Discovery Island）

那些想要宠溺自己的人值得住在米尼洛岛（Miniloc Island）上生态探索岛度假村的水面之上。米尼洛岛处于巴奎特湾之中，靠近爱妮岛和巴拉望岛的海岸。度假村拥有菲律宾沿海村庄的氛围，其具有乡村风格的设计用到了当地的材料和地貌，包括被称为sawali的衬有编织竹板条的墙壁。你可以选择水上小屋、海景小屋、花园小屋或海滨小屋。水上客房建在海面的支柱上，与风景如画的石灰石悬崖相映成趣，在这里你可以获得终极的住宿体验。

elnidoresorts.com

第155页图：科隆岛上最棒的山顶景观。
左页上图：可以俯瞰西菲律宾海（West Philippine Sea）的无边泳池。
左页下图：卡德劳岛度假村里的海景房和园景房。

科隆镇

科托德尔玛酒店
（Corto del Mar）

在科托德尔玛酒店里，其木雕、新穆哈德尔式[1]（Neo-Mudéjar）的建筑和被酒店的三十二间客房和套房环抱其间的迷人的室外泳池，会让你立刻感受到西班牙的影响力。你会发现，主要是情侣或夫妻住在这间堪称最佳选择的酒店里。它距离科隆镇仅几步之遥，房间干净宽敞。虽然其WIFI部门还有很大的改进空间（房间里几乎就不存在WIFI），但这却让你有更多的时间从餐厅品种丰富的菜单中挑选、享用菜品（那里WIFI信号很强）。周日的特价也很加分——比萨和意大利面半价。你好，来参加比萨聚会吧！

cortodelmar.com

有趣之狮度假村
（The Funny Lion）

不要被这个古怪的名字所迷惑，没有丛林之王来这里开玩笑。相反，你会发现一个现代的精品度假村，距离布苏安加岛机场仅半小时车程。这里距离镇中心有点远，但却极为宁静，客房可以俯瞰原始红树林之间的海洋。员工总是很乐意安排三轮车（一种带拖箱的摩托出租车，乘客可以坐到里面）带客人往返于镇上，或是如果你想锻炼一下身体，还有免费的自行车可骑。度假村还提供特殊套餐，从包含环绕科隆镇的冒险之旅的“漫游癖（Wanderlust）套餐”，到有情调的人想要轻松享受宠溺自己的按摩的“机缘巧合（Serendipity）套餐”。甚至还有“珍藏套餐”，包括照顾孩子，这样你就可以享受到岛上生活最棒的部分。有趣之狮度假村适合每一个人。

thefunnylion.com

1 译注：一种穆斯林的建筑风格。

:有趣之狮度假村，伴着阳光醒来，去游个晨泳。

传统的菲律宾早餐：腌甜猪肉（Pork tocino）、煎蛋和米饭。

吃喝

爱妮岛

BY THE BEACH

冒险去附近的海滩，你会在海边找到不同的午餐套餐。商贩售卖的是当天捕捞的收获，将其煮熟，再直接送到海滩上你的身边。我永远都会记得从一个男人的桶里选出最后几只活螃蟹，他立刻为我将螃蟹煮好并加上配菜，让我得以享受一顿美味的海鲜午餐，当然，还配着刚从附近的树上掉下来的椰子。

HAPPINESS BEACH BAR

看到前面的秋千，你就知道自己到这里是为了让情绪得到安抚！ Happiness Beach Bar同热门的Art Café在同一条街上，值得去那里吃一天中的任意一餐。享用自制的健康素食，只选用新鲜的当地食材，再品尝一下买一送一的玛格丽特酒（margarita）和代基里酒（daiquiri）。一定要到楼上看风景并感受海风轻拂。想要品尝美味的食物，见识友好的员工，并体验美好的氛围，这里绝对是首选。

跳岛游午餐

当你进行跳岛游时，一定要选择将午餐包含在内。那是一场盛宴！它通常以烤制新捕捞上来的鱼、虾和鱿鱼为特色，再配上米饭。热带水果拼盘中的水果经过精心的切割和装饰，放在香蕉叶上被端上来。这是对菲律宾岛上生活的终极体验。

科隆镇

KAWAYANAN GRILL STATION

活动了一整天，晚上到Kawayanan Grill享用海鲜拼盘，以此来满足你的胃。这是一间露天风格的餐厅，灯火通明，还有竹屋，营造出很好的氛围。与其他餐厅和酒吧相比，它在镇上主街道的深处，但乘坐三轮车仍然很容易到达。

LOLO NONOY’S

Lolo Nonoy’s位于科隆镇的中心地带，供应风味十足的菲律宾美食，花上约200到250比索你就可以吃上一顿丰盛的饭，绝对让你有物有所值之感。一定要留着肚子吃甜点，做好心理准备，其椰肉甜品buko和你的头一样大！

PEDROS GELATO

一个让你吃到冰淇淋来休整一下的可爱小地方。我到那里经常会选择的口味包括奥利奥芝士蛋糕、能多益巧克力酱、巧克力坚果以及紫山药。

SANTINO’S GRILL

尽管在岛上会期盼吃到新鲜的海鲜，但是要想吃各种肉类，就要去Santino’s Grill，它距离主广场有5到10分钟的三轮车车程。Santino’s非常舒适，有着典型的尼帕小屋式的环境，辅以本土的装饰，是一个简单地享受美食的地方。仔排是他们的特色，强烈推荐！

活动

爱妮岛

→ 来一次跳岛游。爱妮岛的海岸有四种不同的探索方式——被称为行程A、行程B、行程C和行程D，起价为700比索。最受欢迎的是行程A和行程C。行程A包括大泻湖（Big Lagoon）、小泻湖（Small Lagoon）、秘密泻湖（Secret Lagoon）、清水岛（Shimizu Island）、七勇士海滩（7 Commando Beach）——如果你是第一次到巴拉望岛旅游，这将是完美的行程。

→ 租一辆摩托车，去纳克潘海滩（Nacpan Beach）玩一天。镇上可以租到手动挡的越野摩托车和全自动的小型摩托，但是一定要尽早预订，因为摩托车商店通常到上午10:00时就已经被预订一空了。如果你觉得骑摩托车不舒服，还有很多三轮车，通常有一排司机站在那里，就像出租车站一样。

科隆镇

→ 你可以从一系列跳岛游中进行选择，来探索布苏安加岛的东北部地区。在“终极之旅”中可以见识到科隆镇最精华的部分，其中包括在七大亮点地区的浮潜：七宗罪岛礁（Siete Pecados Reef）、双子泻湖（Twin Lagoons）、凯央根湖（Kayangan Lake）、91号海滩（Beach 91）、沉船架（Skeleton Wreck）、带有珊瑚花园的玛瓦维礁（Malwawey Reef）以及CYC海滩（CYC Beacg）。你将享受无忧无虑的一天，通行证、酒店接送、小吃和岛屿式自助午餐都包含在内。

→ 到访卡拉威野生动物园（Calauit Safari）。八种不同的非洲动物自在漫游于该保护区和野生动物保护区内，包括长颈鹿、斑马和瞪羚。这些动物是用船从肯尼亚（Kenya）运到卡拉威的。令人着迷的是，菲律宾境内这片与世隔绝的地方因其面积、地形和植被，而被认为是帮助拯救20世纪70年代受到战争威胁的非洲野生动物的理想之地。小贴士：想要在两个停靠点之间享受有趣的乘车之旅，请要求坐在吉普车顶部，以便欣赏到更好的景色。只是记住要紧紧抓好！

→ 泡一泡玛葵尼温泉（Maquinit Hot Springs）。据说这是菲律宾唯一含盐水的温泉。就我个人而言，我觉得这是你不应错过的。建议：在跳岛游之后，晚上跳上一辆三轮车前往温泉。毫无疑问，这将是你在岛上想到的好主意之一。入场的截止时间是晚8:00，晚上10:00才关门，你有两个小时的时间可以好好放松、减压。不建议在炎热的下午来这里。水温在40℃左右，在炎炎烈日下，泡在水里煮不会是令人愉快的经历！

在青绿色的水域和石灰石峭壁之间进行跳岛游。

旅行小贴士

在爱妮岛上和科隆镇里有几台自动取款机，但是要留意取现金的额度限制和断电情况，这都会让它们变得无用。最好把你在那里的时间安排好，并带上现金。

每天断电是常态，因此如果你在一家黑漆漆的餐厅里吃晚饭，或是当你洗淋浴时灯突然熄灭了，不要感到惊讶。保持冷静。但是，较为大型的机构一般都有备用发电机。

如果你要去进行跳岛游，要用水下保护套保护好你的相机或手机，它很可能会被弄湿。你会想要事先练习“我带着浮潜设备潜水，可我看起来仍然很优雅”的姿势，因为这里的水是那种闪闪发光的水的色调，非常适合宝贝们正在进行的所有水下拍摄。

乘坐三轮车时，要告诉司机你需要去哪里，并在上车之前谈好价格。

五颜六色的交通工具——菲律宾的三轮车。

打包

岛上保持着原始和真实的状态，几乎没有卖衣服的商店。
极简的岛屿装扮是最好的，自然的头发和妆容，色彩丰富、舒适的服装，
而最重要的是与岛上的良好氛围相匹配的快乐笑容。

在岛上要保持自然。

4.

市场之恋：旅途中的寻宝

MARKET LOVE ♡

TREASURE HUNTING ON YOUR TRAVELS

致：热切的寻宝者。

可以肯定地说，我们在旅途中创造并捕捉的记忆是带回家的最佳纪念品。
但是让我们现实一点：一点零售疗法并没有任何坏处。

从农民的物品到复古时尚，市场在一个不熟悉的新目的地创造了包罗万象的体验。
食物、当地摊贩出售的商品、手工珍品……当你进入市场体验生活时，
有一件事是确定的：你永远不会真正知道你最后会带着什么离开。

我觉得那令人陶醉，就像是现代的寻宝。带着一袋现金和一些讨价还价的技能
（参见第186页），但不抱任何期待。总是毫无期待地走进市场。
搜寻市场中的奇珍异品是我喜欢做的事情之一。

与大规模生产的纪念品相比，工艺品总是值得去找寻的——通常是手工制作的，
它们要特别得多。当你在市场里成功采购了一天之后，要知道，
找到一间邮局，将你从南美尘土飞扬的市场中大量购入的编织珍品寄回家，
是将行李箱塞得满满的一个替代方案。但是，供你参考，费用高昂。

值得吗？

绝对值得。

每一件都有故事可讲。

以下汇集了我从世界各地精心挑选的市场，我在那些市场里发现了一些令人骄傲的宝藏。

第166页图：伦敦波特贝罗市场（Portobello Market）中的古董相机收藏。
上图：新消息：刚到香港的花墟道。喝点咖啡？

£5.00
BUNCH
CARTHMUS
£5.00
SUNFLOWERS
£5.00
BUNCH
WAX-FLOWER
£5.00
BUNCH

世界各地必去的市场

英国

英格兰·伦敦·砖巷市集（Brick Lane Market）

尽管砖巷里的餐厅和商店在一周之中每天都开门，但最好周日（上午10:00到下午5:00）去那里，因为那时街上会因砖巷市集的摊位和街头表演者而变得生机勃勃。如果你搜寻得足够认真，就能找到便宜的物件，否则带着相机和敏锐的眼睛去漫步也是值得的。在我看来，对于想喝一杯咖啡的人来说，该市集是首选之地，那里有各种各样的个人风格。一定要到Kahaila咖啡馆吃一块（或是两块……我发誓，我没有要多嘴的意思）他们美味的红丝绒蛋糕。

你会发现：服装、小摆设、二手家具和许多适合街头风格拍摄的时髦的伦敦年轻人。

visitbricklane.org

英格兰·伦敦·哥伦比亚路花卉市场（Columbia Road Flower Market）

无论你是否打算采购鲜花，花时间漫步于这间明亮的街头市场，都会让表情符号在你的心里，而非你的眼中轮番上场。要想来伦敦东区这片溢满鲜花和绿叶的绿洲，请选一个周日，在上午8:00到下午3:00之间留出一个小时的时间。

你会发现：丰富的色彩、周日的情绪安抚剂，哦，当然还有最新鲜的、最美丽的鲜花！

columbiaroad.info

英格兰·伦敦·波特贝罗市场（Portobello Market）

欢迎来到色彩粉嫩的天堂！作为伦敦受欢迎的地标之一，诺丁山的波特贝罗路（Notting Hill's Portobello Road）两旁都是粉刷过的带露台的房子，值得我们全神贯注地深入探索。最好周六去逛，此时市场上正热闹。自19世纪起，这条街道就一直是市场的所在地。20世纪50年代，市场因其中的古董而声名鹊起。在这里绝对可以找到贴心的礼物。我最喜欢的一本关于蝴蝶的古董书证明了那是一个令人感动的惊喜，书页破损得极具美感，散发着旧书店的味道。我可能头戴贝雷帽，鼻梁上架着洛丽塔风格的猫眼太阳镜，身穿皮夹克漫步于该市场中，也可能并没有这样漫步其间。有很多游客，是的。有丰富的历史，毫无疑问。进入朱莉娅·罗伯茨（Julia Roberts）扮演的角色安娜·斯科特（Anna Scott）之中：当然是可以选择的，但非常鼓励这么去做。

你会发现：古董、复古和二手的时尚服饰、新鲜的水果和蔬菜、小摆件，以及在街头表演披头士（The Beatles）作品的可爱伦敦男孩。

portobelloroad.co.uk

左页图：伦敦哥伦比亚路花卉市场中，最低售价仅为5英镑的鲜花。

欧洲

土耳其·伊斯坦布尔（Istanbul）·大巴扎集市（Grand Bazaar）

没有哪个市场像伊斯坦布尔熙熙攘攘的大巴扎集市那样迷人：到处都是小饰品和珍宝，这里是世界著名的景点之一。墙上挂着的是基利姆地毯（kilim rugs）和刺绣背包，如同彩虹一般，还有色彩鲜艳的陶瓷和闪闪发光的灯笼，让你不禁感叹，要是行李箱里有更多的空间就好了。集市周一到周六上午8:30到晚7:00营业，周日和宗教假期休息。与大巴扎集市毗邻的，是这座城市中另一个极为色彩斑斓的旅游目的地——香料市场，也是你在那里时必去打卡的景点。

你会发现：手工艺品、家居装饰、纺织品、珠宝、餐具，以及丰富的土耳其文化。

西班牙·巴塞罗那·波盖利亚市场（La Boqueria）

波盖利亚市场名列巴塞罗那"必游之地"的榜首，是深受欢迎的兰布拉大道上不可错过的地方。除周日外，市场每天早8:00到晚8:30营业。如果你在这座城市里停留的时间很长，不容置疑会多次来吃早餐。永远都有新的水果和果汁等你去尝试，唤醒你的味蕾并让其在一天开始的时候就激动起来的完美方法。相信我。

你会发现：过道里摆满了新鲜的水果、1欧元的果汁、冰淇淋和冰棍、巧克力、蔬菜、异域香料、海鲜，以及许许多多五颜六色的糖果。

boqueria.info

法国·巴黎·圣旺跳蚤市场（Marché aux Puces de Saint Ouen

这间市场是欧洲超大的跳蚤市场之一，到这里逛几乎就像参观博物馆一样，里面有非常多的艺术品散布在各处。市场有两个入口，分别在蔷薇街（rue des Rosiers）的两头。乘坐地铁4号线，在Portede Clignancourt站下车，进入专注于售卖新商品的分区；或是乘坐地铁13号线，在加里波第站（Garibald station）下车（在这站而非圣旺门站［Porte de Saint-Ouen］下车可以少走点路），就可以从街道相对安静的那头走进去。无论你怎么决定，只是要确保，你还会在蔷薇街附近逛逛，在位于周围的街道和小巷里的商店和仓库中，寻寻宝。周末练习法语的理想场所？是的！

你会发现：古董、家居装饰老式照相机、家具、未经修复的物品……不胜枚举。

marcheauxpuces-saintouen.com

班牙巴塞罗那的波盖利亚市场中，色彩缤纷的果汁。

正在盘算，为了旅行珍品而增加我行李箱的重量是否是个好主意。

BOSS

为这些地毯的设计眼冒小心心。

草帽上的定制刺绣。

非洲

摩洛哥·马拉喀什·麦地那的露天市场

马拉喀什的市场有一种吸引力。那些小巷如同迷宫一般，里面满是售卖传统手工艺品和纪念品的商店。你在麦地那会找到很多宝藏，那里每天都开放，而且周围都是餐厅，让人感到很方便。还有几家可爱的咖啡馆，很适合在里面用午餐，同时俯瞰人群。（参见第144—145页）

你会发现：地毯、皮凉鞋、带毛球的和定制刺绣图案的草编篮子，以及太阳帽、摩洛哥拖鞋、香料、地毯、毯子、金属家具。哦，我提到地毯了吗？

亚洲

泰国·曼谷（Bangkok）·乍都乍周末市场（Chatuchak Weekend Market）

当你到达时，征服曼谷的乍都乍（或是“恰图恰”）周末市场可能看似一项艰巨的任务。在超过11万平方米的地界上，划分出二十七个区域，可能就像马拉喀什的露天市场一样让人不知所措。诀窍是为你的市场漫游选择一个强大的起点。我建议从第六区开始：你好，古着天堂！想想堆积成山的20世纪70年代的李维斯牛仔裤和挂在看不到头的货架上的夏威夷衬衫、破损的牛仔夹克、重新加工的连衣裙，以及对于女人和男人来说许许多多的宝藏。最后可以在第六区外的小吃摊上买些吃的，在附近的乍都乍公园享用。最好在上午10:00前后到达，此时摊位刚开始营业，非常适合讨价还价，并避开蜂拥而至的人群。

你会发现：第五区和第六区以二手和古着服装而闻名，第一区以书籍闻名，而第八区以家居装饰和装饰物品闻名。

chatuchak.org

香港·旺角·花墟道

另一个让我精神大振的是花墟道，距离我在伦敦最喜欢的地方有9000多千米，那是露天的街市，售卖充满异域情调的色彩斑斓的鲜花，看起来如同混乱的丛林一般，每周营业7天，从早9:30一直到晚7:30。计划一下在上午10:00左右去逛花墟道（在太子站从B1出口出）；在花粉热（Cafe Hay Fever）里，在绿植环绕中喝杯咖啡，休息一下；再到附近的一点心（One Dim Sum）吃午餐，以此来结束充满香气的徒步行程。

你会发现：鲜切花、树木盆景和奇花异草。

flower-market.hk/

印度尼西亚·巴厘岛·乌布艺术市场（Ubud Art Market）

当地人称乌布艺术市场为“Pasar Seni Ubud”，那是一间传统的市场，位于乌布主干道（Jalan Raya Ubud）35号，就在乌布皇宫（Royal Ubud Palace）的对面。市场每天早8:00到晚6:00营业。清晨是在市场里搜寻并购入便宜货的最佳时机，因为那时人不太多，商贩更有可能给你最优惠的价格，他们相信一天中的首单销售代表着好运。所以要早点去，要求获得早上的优惠价格。大部分摊位的商品都没有固定的价格，因此预计可以进行友好的讨价还价。就我个人而言，我觉得漂亮的丝巾和各式各样的篮子非常棒，不容错过。

你会发现：巴厘岛手工艺品、篮子、絣织[1]和蜡染图案的织物、珠宝、家居装饰和纪念品。

---

1 译注：ikat，染织结合的一种织物，它原为马来人对扎线段染对花织物的称呼，后来不但代表这类织物，也代表这种先绑染花纹再整经对花的织作技法。

右页图：香港花墟道里包装完美的鲜花。

4.
市场之恋：旅途中的寻宝

墨尔本坎布威尔集市（Camberwell Market）上的旧书精选。

大洋洲

澳大利亚·墨尔本·坎布威尔周日集市（Camberwell Sunday Market）

自1976年起，这个位于墨尔本东部的郊区停车场每周日早6:30到晚12:00都是废物和珍宝爱好者的胜地。它有时很成功，有时则很失败，但至少你知道自己捐赠了一枚金币，来资助慈善事业。

你会发现：二手和古着服装、小摆设、古董、热果酱甜甜圈和街头艺人，那些街头艺人让你在享用美味的甜甜圈时还想伴着音乐起舞。

camberwellsundaymarket.org

澳大利亚·墨尔本·维多利亚女王市场

维多利亚女王市场是澳大利亚顶级美食城的历史性地标，也是南半球最大的露天市场。它不仅仅是宠溺你味蕾的地方，还是让你饿着肚子去的地方，因为如果你想去那里做点什么，那就是去觅食了。称其为Vic Market或Queen Vic，因为这增加了“我是当地人”的效果。

你会发现：当地的和进口的美食、纪念品，以及一周5天令人惊叹的市场氛围。

qvm.com.au

澳大利亚·悉尼·罗泽尔收藏家市场（Rozelle Collectors Market）

悉尼市中心西部的罗泽尔公立学校的场地上，已经举办了20多年的周末集市，从早9:00一直持续到下午3:00。在这间悉尼市场里，你最有可能从时尚的人群中，以低廉的价格赢得设计师的作品。

你会发现：二手和古着服装、古董、唱片和家居用品。

rozellecollectorsmarket.com.au

澳大利亚·悉尼·萨里山集市（Surry Hills Markets）

我在悉尼的时候偶尔会到这里售卖我的古着和二手物品，但是你最有可能发现我忽略了自己的摊主职责，手里举着豆奶拿铁，在其他摊位购物。啊呀！这里有适合每个人的东西。市场位于市中心东郊著名的皇冠街（Crown Street）上，每个月的第一个周六，从早7:30一直开到下午4:00。

你会发现：二手和古着服装、手工制品和小摆设。

shnc.org/events/surry-hillsmarkets

北美洲

美国·纽约·布鲁克林跳蚤市场（Brooklyn Flea）

当你身处混凝土丛林中时，绝对要去逛一个顶级的市场。市场周末在美洲大道100号的Soho举行，但是我尤其钟爱DUMBO[1]（Down Under the Manhattan Bridge Overpass的缩写）的布鲁克林跳蚤市场，那是一个季节性的露天市场，周日上午10:00到下午6:00（4～10月）在曼哈顿桥的拱门（Manhattan Bridge Archway）下举行。你不仅可以饱览壮观的城市景观，还可以欣赏八十位风格、文化背景和售卖物品迥异的商贩的珍宝。只是要确保你不会犯下这样的错误，不立刻买下你特别喜欢的物品。等你再回来的时候，它可能就没有了。讨价还价，快速买入，否则你就会迅速错过机会！

你会发现：古着服装、珠宝和配饰、家居装饰和小摆设。

brooklynflea.com

美国·洛杉矶·玫瑰碗跳蚤市场（Rose Bowl Flea Market）

每个月的第二个周日，两千五百多名商贩和约两万名游客蜂拥至阳光明媚的帕萨迪纳[2]（Pasadena），参加玫瑰碗跳蚤市场：那是洛杉矶超过45年的骄傲和喜悦，也是全球公认的户外市场体验。一般入场时间从早9:00开始，门票为每人9美元，但是也有贵宾票、早鸟票和快速入场券（细节参见网站）。市场营业时间为早9:00到下午4:00。想要无缝衔接地逛到市场的每个区域，一定要在进入市场后，从左手边的信息中心拿一张地图。之后再一个一个区域地制定你的逛街计划，分区、逛街、征服。

你会发现：服装、家具、老物件、值得收藏的物品和艺术品。

rosebowlstadium.com/events/flea-market

---

1 译注：指的是布鲁克林桥以及曼哈顿桥延伸到布鲁克林区桥下的一片区域。

2 译注：1873年创建，是大洛杉矶地区一个中等大小的卫星城市。

纽约购入的保证“全身统一”的市场商品：我花10美元买到的革条帮平底凉鞋，
以及花5美元买的篮子。

左边的，还是右边的？购买编织背包的决定。

不同颜色的手工袋子。

清晨的微笑。

南美洲

秘鲁·钦切罗（Chinchero）·钦切罗市场

在秘鲁的库斯科和乌鲁班巴（Urubamba）之间，在圣谷（Sacred Valley）里有一座名为钦切罗的小村庄。你会发现，这里每逢周二、周四和周日都有露天集市。早上9:00左右开始，每天午饭后结束。周日的集市规模最大，在这一天，大部分当地人都会来逛集市，最适合用来体验秘鲁市场。

你会发现：手工艺品，许多五颜六色的编织包、靠垫和地毯，还有你可以在慢慢逛集市时享用的秘鲁美食。

如何像老板一样讨价还价

→ 首先，充分了解你自己。在网上研究要买些什么，并记下来每件货品你应该用当地货币支付大概多少钱。始终要带现金，还要留意扒手。

→ 不要显露昂贵的装备（不要露出数码单反相机、金光闪闪的物品或明显的设计师产品）。

→ 不要太早进行最后的步骤。逛一圈市场，询问你感兴趣的商品的价格，与周围的摊位做比较。

→ 寻找你可以捆绑购买的摊位——当你想要从同一位摊主那里购买多件商品时，更容易拿到优惠的价格。

→ 出价应为最初要价的一半。最多加价20%。

→ 友好，但要坚定。但是要友好。

→ 如果协商进行得不顺利，请用当地语言表示感谢，然后走开。大多数时候，你会被叫回来，但也要做好准备，可能并不会发生这样的情况……

→ 被叫回来。

→ 高兴地回来。就你提出的最终价格达成一致。用现金交换珍宝。

祝贺你！你已经成功地像老板一样讨价还价了。

提示：穿戴上你新买的东西，在家里的镜子前跳舞吧。

右页图：在马拉喀什，熟练应用讨价还价的技巧，批量购买定制的篮子。

4. 市场之恋：旅途中的寻宝

纽约的非洲木制面具、羽毛帽[1]（juju hat）和纺织品。

1 译注：非洲人在祭祀仪式上使用的头饰。

同一个尺码的漂亮的古着鞋，对我来说太小了。

西班牙帕尔斯，我最喜欢的那类篮子。

波哥大[1]（Bogota）有很多传统的哥伦比亚帽子。

1 译注：哥伦比亚首都。

5.

有关旅行的真相：
独自旅行的人生经验

THE TRUTH ABOUT TRAVEL ▶

LIFE LESSONS FROM SOLO TRAVEL

你。我了解你。你是那种喜欢幻想进行新冒险的人，无论远近。

你是一个充满好奇心的灵魂，有着富有创造力的心灵，

总是试图发掘未开发的地方并结识新的面孔。透过好看的旅行照片，

你的思绪逃到了世界的其他角落里。你通过自己喜爱的旅行博客，

间接地体验生活，这些博客是你日常生活中源源不断的灵感源泉。

我还知道，一段时间以来，你一直想要改变。

具体是什么样的改变？你可能还没有弄清楚。

不难理解你为什么彻底地痴迷于旅行的想法。

让我们面对现实吧，我们在生活中总是需要多一点冒险。

首次独自旅行——尤其是对年轻女性来说——十分可怕。

走出你温暖、模糊的舒适区是一件困难的事情。不用担心，我理解你的感受。

但是你知道那些吓到你，同时又让你感到兴奋的事吗？

它们是人生中绝对值得去做的事。有很多东西要学习。

毫无疑问，你心中的悲观主义者会说：最可怕的事可能会出乎意料地发生。

但作为乐观主义者，我要告诉你：最美好的事也可能发生。

第190页图：皮肤晒得黝黑，头发（格外）卷曲，心情愉悦地在印度尼西亚过着岛上生活。
上图：某人偷拍的我——我在世界之巅!!!

时间是我们最宝贵的货币。

此时是2016年11月底，我正在Freehand Hostel办理入住，那是美国弗罗里达州迈阿密海滩（Miami Beach，Florida）的一处艺术场所。在接下来的3个月里，我将再次过着在路上的生活。我刚刚在一艘游轮上完成了摄影工作，选择了花点时间来探索这座城市，而墨西哥就在接下来的行程中。

我注意到，柜台旁边的墙上贴了一张明信片，边缘已经微微破损了，上面写着几个字。“花时间”是引起我注意的三个字，接下来的那些字是在温和地提醒我们，我们需要花时间做一些会丰富我们生活的事。

当你独自旅行时，你会花很多时间在自己身上，你可以随心所欲地花费你的时间。你有时间去思索对你来说真正重要的事情。你选择与谁共度时光，以及你选择花时间做什么，在你将成为什么样的人的过程中，发挥着重要的作用。

时间可能看起来流逝得较快或较慢，具体取决于你在做什么。而被一种令人敬畏的体验所吸引，可能给人以时间并不存在的感觉，但是时间从不会停止前进。

他们说的是真的：时间是最宝贵的货币。选择明智地花时间，做让你高兴的事。总是要选择准时，以示对他人时间的尊重。选择真正拥抱此时此刻，这是你实际上拥有的所有时间。

左页图：在美国的迈阿密海滩上消磨时间。

旅途中的情感关系来了又走。

当你独自旅行时，你会遇到很多人。大多数人都是路过的熟人，只有少数人会变成真正的知己。在旅途中找到浪漫的机会是真实存在的，但是旅行的本质并不总是有助于长期浪漫关系的成功。每个人都在朝着不同的发现前行——假期结束，计划改变——当你已经有了自己的日程时（顺便说一下，你应该从制定日程开始，因为你最好做你自己），很难让关系持久下去。

过于频繁的依恋只会带来心痛，让你感到空虚。享受在一起的时光，但不要抱有期待，最重要的是，知晓自己的价值观并据此行事。全身心投入在每一刻——这是在旅途中获得最大的乐趣和最自由地生活的最佳方式。真的没有必要担心未来，也没有必要将现在与过去相提并论。我相信，人们走进你的生活都是有原因的。对他们敞开心扉，因为你永远都不知道你会学到什么。有些人甚至可能会永远留下来。

爱上生命的运动，一切都是注定的。

用西班牙语简单说来就是：Que será，será（顺其自然）。

在澳大利亚的蓝山国家公园（Blue Mountains）露营探险。

期待是一切失望的根源。

你有没有幻想过纪念碑是什么样子的——想象它的大小、它周围的环境，以及你到那里时会有怎样的感受——而等你飞越世界看到它之后，却感到失望？设想目的地会有什么迎接我们，带着这样先入为主的想法抵达一个目的地是很常见的，但是重要的是意识到真实情况可能会有所不同，而这适用于旅行的方方面面。确实没什么能比得上对旅行的预期：兴奋感，白日梦，你终将看到爱尔兰（IRL）的那种情景，甚至是“出发前，刚刚付过机票钱，帮帮我，我现在很穷”的状态。这一切都以自己的方式，在旅程本身开始之前带来欢乐。但是现实情况是，你想象中的目的地永远无法完全与目的地真实的情况相匹配。还有一个事实是，只要你为某事做好准备，事情就可能会改变。当你旅行时，有些事不会按计划进行——航班会被取消，行李会丢失，与人的联系会中断。当意料之外的事发生时，可能并不是最糟糕的情况，只是或许有所不同。

带着计划抵达，但不要抱有期望，你就会感受到惊喜。

东西只不过就是那样的东西。

我当时正在墨西哥旅行，在骑过自行车，并和老朋友以及我在旅途中遇到的新朋友一起度过愉快的夜晚之后，我的iPhone手机不知何故丢了。我有旅行保险（你始终应该买旅行保险），而尽管手机很贵，但真正糟糕的是丢失了相机相册里存储的影像和记忆。

要做好在路上丢东西的准备：你最喜爱的太阳眼镜、装满现金和卡的钱包（但还是要祈求这事不会发生在你身上）、里面的照片根本就没备份过的iPhone手机。有时是从你身上偷走的（那些该死的扒手），而有时则是你自己的过错。尽量不要过多地关注消极的事件，或是由着它让你心情沮丧。抱怨永远不能解决问题。你的两只脚一前一后，会更快地带你到更多的地方，也会让你更快地向前迈进。

东西本身不会让你开心。你所拥有的不等同于你是谁。东西只不过就是那样的东西。我首次独自环游南非，只带着两个背包就完成了，这让我意识到，我们实际上所需要的非常之少。旅行是极简生活的艺术，向我们展示，让我们真正感到快乐的是我们的经历。

伏见稻荷大社（Fushimi Inari Taisha）：日本京都的一座神社，因其朱红色的千本鸟居[1]而闻名。

1 译注：Torii Gate，是神社的一个重要标志，是木制的入口，没有门，经常被涂成红色。它不是普通的门，而是代表世俗到神圣的过渡象征。

现实世界是实打实的教育。

当我们被抛入生活的深渊时，有两个选择：沉底或浮起。你独自在旅途上的时间将由源源不断的高潮和低谷组成，会带来非常多的领会和知识。你会在现实世界中学到很多东西，那是无法在教室里教授，只能通过亲身体验才能学到的东西。

这可以是任何东西，从学习一项代代相传的艺术技能，就像当时我跟一位10岁大的秘鲁女孩学习如何在传统的背带织机上编织，到尽可能多地运用当地语言，以便获得更全面的旅行体验。即便你只是用了几个听他们在街上反复说到的关键短语，这也表明，你对文化持开放态度，而且你乐于付出努力。这还会在愉快和不愉快的情况下，有助于你与他人的互动（而你如何应对不愉快的境遇，本身就是经验教训）。

你在旅行时，不要忽视文化，不要对语言完全没有反应，也不要选择只去做你在家里能做的事。相反，要让你的体验充满该国所能提供的一切独一无二的东西。当我们更多地去了解世界时，我们也会更多地了解自己。

只是要乐于学习，每天都是如此。

灵感无处不在。

每个小细节都具有美感：在充满活力的殖民地建筑里，某一特定城市生活的能量和节奏，某个传统舞蹈的服装风格，一场仪式中所用焚香的独特香气。旅行的美妙之处在于，我们对事物的看法各不相同，但我们每个人确实都会以某种方式受到启发，可能是任何方式。捕捉你的思绪和体验，记录所有的细节。这些将成为美妙的提示，或是新的宏伟想法的开端。

右页图：摩洛哥马拉喀什的本·优素福神学院（Ben Youssef Madrasa）繁复的细节。

你的现实世界由你创造。

早上好！现在是2017年5月24日周三早上6:24。我刚刚醒来，我正在西班牙的赫罗纳，这是我第一次来这里。按照惯例，我每天早晨都要做一套拉伸运动。拉伸运动被严重低估了，但我发觉这是能带给人良好感觉的活动之一——这也是我热爱瑜伽的原因之一，瑜伽练习对身心当然也有其他的益处（我最喜欢阿斯汤加瑜伽）。由于我经常外出旅行，所以对我来说在工作室上课是不现实的，因此我走到哪儿练到哪儿。我经常在床边的地板上练习，或是在酒店房间里合适的地方练习。然而，当我住在美丽的玛斯拉珠莉酒店（Mas Lazuli Hotel）时，如果我不出去在水边享受我的晨间拉伸运动，那我就太傻啦。这将是我一天的完美开端。

无论你考虑在生活中做些什么——改变职业、搬到新的城市，甚至是在你的日常生活中做出小改变，例如建立良好的日常习惯，做起来什么时候都不算晚。你的人生只属于你自己。人们可以说服你并影响你，但最终做决定的人还是你。创造这样的时刻——你很高兴地说，自己已经经历过了这些时刻；面对这样的挑战——你自豪地说，你已经克服了这些挑战。当你最终老去、满脸皱纹时，你高兴地说，自己过了这样的人生。今天是狂野的，而且是你自己的。确保你决定走的路与你心之所向的保持一致。

你创造了你自己。

在我自己开始独自冒险之前，我听说过一些故事，讲的是独自旅行给女性带来了怎样的影响——如何改变了她们，她们如何成长，以及那些老生常谈的陈词滥调：她们是怎样"发觉自己"身处世界上的某个地方的。但是，老实说，我完全不同意。相反，我认为当你独自出发时，你创造了你自己。你在自己所处的不同场景中，向自己展示了你到底是什么样的人，或你有潜力成为什么样的人。你的真实性格将体现在你如何对待那些不能为你做任何事的人身上。在旅途中，你可以成为你想成为的任何人。但是当你选择做自己时，那是一件美妙的事——创造你自己，并成为你想成为的人。做更好的自己。

我住在摩洛哥的酒店里时，在游泳池边享用早餐。

5. 有关旅行的真相：独自旅行的人生经验

当你对不舒服感到适应时，你就允许自己成长了。

我还记得我第一次住在旅店里头几天的感受：感觉很奇怪。我只熟悉酒店的生活，和伙伴、朋友、家人一起旅行，都是我认识的人。而在这里，在世界的另一端，午夜过半，我踮着脚尖在走廊里蹑手蹑脚，悄悄地住进一间共用的宿舍，里面住着两个我不认识的家伙。我开始对我的决定感到犹豫不决，但是我通过在平易近人和温柔地说清楚自己是有边界的这两者之间找到了平衡，顺利打消了这些犹豫。毕竟这两个家伙基本上都是陌生人。我的室友比我预想的要友善得多。一位来自德克萨斯州（Texas），另一位来自阿姆斯特丹（Amsterdam），并最终成为我此次旅行中亲密的朋友。我还记得到一个新国家后，害怕在黄昏后外出。我担心迷路，也不知道怎么回旅店，因为我不知道怎么说当地的语言来问路。

所有这些恐惧最终都消失了。大多数时候，它们只是头脑的诡计。无论你可能感觉有多尴尬，都要将自己从你的舒适区中驱逐出来，并进入不确定的世界之中。这就是火花飞舞的地方，这就是魔法发生的地方。并非神秘意义上的魔法，而是如果我们保持开放的态度，可能发生在任何人身上的那种日常的魔法。这就是我们成长的空间。感觉自信、稳定并快乐的独立自主的人是有魔力的：为新机遇敞开大门，改善人际关系，能量激增。

起初，你会感觉到在舒适和勇气之间存在着恒久的拉力，但是稍微练习一下感受恐惧，无论如何都去练习，你甚至可能会发觉自己处于一种奇怪的状态之中，即对不舒服感到适应。不管怎样，我知道我做到了这一点。

这并不是说，不会存在这样的时刻，即你感觉不舒服就意味着你应该避免某些情况。了解可以接受的不舒服和不可以接受的不舒服之间的差异，就需要靠直觉了……

直觉是某种超能力。

不要小瞧它。

感觉它。

相信它。

跟随它。

你所需要的只有你自己。

现在是周一晚上9:22，我在库斯科，我是在结束了巴西里约热内卢（Rio de Janeiro，Brazil）的摄影工作之后来这里旅行的。这是我南美之旅的起点，我独自一人到达这里，疲惫不堪，但我的住处还没有确定。在行李提取处，站在我旁边的是一对漂亮的拉丁裔夫妇，他们看起来相亲相爱，我猜他们等待的是与他们的远足服装相搭配的背包。他们的行李到了：他的先出来了，接下来是她的。他拿起背包，把两个都背了起来，一个背在背上，一个背在胸前。在飞行了超过24个小时，经过整天整天的现场拍摄之后，伴随着我不知道自己那晚会睡在哪里的焦虑感，我最不想做的就是拿包。但是，当你独自旅行时，从提着沉重的包以及预订交通和住宿这类小事，到更具挑战性的方面，例如在一个新地方导航，以及在情况不利于你时去适应，除了你自己之外，没人可以依靠。

依靠自己和自己的资源有很多好处。它允许你确定真正想做的事，而且你得做所有的决定（不为任何人做出牺牲！）。你自己解决所有问题，就像飞行小黑客一样，诸如乘坐红眼航班会如何帮你省下住宿的钱，即便只是一晚的住宿。

总结起来就是：独自旅行解放了你，也会赋予你力量。你发觉，你所需要的只有你自己。你发现了完整的自己，非常完整，以至于其他的一切、其他人都只是额外的奖励。

左页图：从秘鲁彩虹山的山顶上欣赏美景。

最重要的关系是你和自己之间的关系。

在你遇到所有人之后，在你在旅途中爱上并失去所有人之后，在你学到所有的教训之后，就是最重要的：自爱。有了它，就能享受永远让人格外上瘾的孤独的甜蜜感。最终你会明白，为了恰当地爱别人，你首先需要学会爱自己。

右页图：菲律宾无尽的海洋。

漫步于美国旧金山的金门大桥。

放松的下午的所有必需品。

在摩洛哥马拉喀什的拉玛穆尼亚酒店做白日梦。

6.

旅行的哲学

THE PHILOSOPHY OF TRAVEL

除了漂亮的摆拍照片和所有外在的东西之外，
旅行还有一个更深层的好处常常被忽略。
这个好处向内朝向个人的成长；这个好处是一种真正了解你自己，
而非花那么多时间去了解其他人的方式；
这个好处是无尽的自我发现之旅。

你可以富有创意地去旅行，照顾到你的兴趣和激情，
即那些点燃你灵魂之火的东西。你可以释放好奇心，
给自己空间和时间去了解世界，并让你自己的故事展开。
你可以关注周围的世界，保持自我觉知，体味当下，用心地旅行，
这样你就可以真正享用自己的时间，并成长为最好的自己。

继续少少地生活，多多地热爱，云游四方。继续前行，
体味这个世界通过旅行的艺术所能提供的一切，享受美好的时光。

第216页图：我们都只是宇宙中的一点。美国洛杉矶布洛德艺术馆（The Broad）中，草间弥生的“无限镜屋”(Infinity mirrors)。
上图：法语的“美好生活”(La Belle Vie)。

当地人带你去欣赏他最喜欢的屋顶景观，俯瞰香港。

富有创意地去旅行

富有创意地

（副词）

以原创性的或富有想象力的方式，利用想象力或原创想法来创造某事物。

日期：2017年4月5日周三。

地点：从马尼拉国际机场（MNL）到香港国际机场（HKG）的途中。

就我们的工作方式而言，我们生活在一段极为令人难以置信的历史时期中。可爱的互联网的存在，使得我们获得了无数找到，甚至是创造与我们的激情相符的工作的机会。这在以前是一种非常规的生活方式，你现在可以看到人们每天都在做。远程工作、在线咨询、创业精神，以及自由职业创意人员的队伍都在稳步快速地增长。

我正搭乘国泰航空的航班去香港，只是为了探索和捕捉#翱翔人生#[1]。这也是我第一次带着旅行伙伴一起乘坐商务舱。他刚刚把一坐下就接到的热毛巾扔给了我。好家伙！

我们在富有创意地旅行：记下吸引我们的和我们感兴趣的事物，然后去做。这些东西大多涉及摄影景点、寺庙、购物、咖啡馆，哦，还有饺子，不能忘了饺子。我们还与当地的一位Instagram用户联系，他会带我们去香港秘密的屋顶上，欣赏摩天景观。然后在旅行接近尾声时，还有一次摄影聚会，有机会在晚上欣赏这座城市，并提高夜间摄影技术。我之前去过香港很多次，但我很兴奋能以不同的方式富有创意地去看这座城市。

另外，我这次还有自己的个人狗仔队。女士会习惯这种情况的。

当你富有创意地去旅行时，你会发掘出新的兴趣，并发展旧的兴趣。

不是只做文章和指南中说到的在一个地方可以做的最棒的事情——还要将旅行视为拓展你兴趣的机会，这样你就能以更有意义的方式，参与你的道德观和所信仰的价值观。这是进一步发展才智，让新技能和技术浮出水面，与思维相似的以及不同的人建立友谊的方式。甚至可以让当地人带你偷偷溜进公寓楼，领你欣赏一座城市的美景。

拍下那个画面。

1 译注：Life Well Travelled是国泰航空提出的一个标签，鼓励乘客分享翱翔体验，了解其团队如何助乘客开展写意之旅。

好奇地去旅行

好奇地

（副词）

以一种渴望了解或学习某事物的方式。

日期：2016年5月30日周一。

地点：澳大利亚墨尔本。

护照，带了。相机，带了。用好奇心替代恐惧，正在努力。

我正准备开始我人生迄今为止最大的冒险：独自到南美旅行，这是我答应接下PayPal在6月初在巴西的工作的结果。我要飞行横跨整个世界，超过24个小时。如果我没有延长我在里约热内卢的这次周末之行，只在奥运会之前游览这座城市，那将是愚蠢的，尤其是因为我之前从未到过南美。我的心比以往都要好奇。我当然很害怕，但对接下来几个月将要发生的事情感到很兴奋。我要去巴西、秘鲁、哥伦比亚和智利（Chile）。而我唯一的计划就是没有计划。

顺其自然创造出一种开放性，因此你可以有目的地跟随那些横跨在你路上的东西，例如探索当地的美食和文化，或与当地人交谈，了解其日常生活是什么样子的。

我有机会体验到许多不可思议的事情，我从未料到在创作和管理旅行博客的过程中会出现这种情况，其中一些经历让我抱有复杂的情感。有时我想知道，我是否错过了真正的旅行概念所带来的快感，仅仅因为我总是有人照顾，有人接待，有人接送，使得我可以捕捉一个目的地的风景并将其记录下来，作为我的工作。我并不是在抱怨，但我在不断地、彻底地思考这种冲突。

这就是为什么我确定了，我在南美独自旅行（当然是在我完成了旅行工作之后）的潜在目的，是在两个月内拥抱自发性，只是“看看会发生什么”。

当你好奇地去旅行时，你是以开放的心态去旅行的。你通过人与人的互动找到了最佳的灵感来源——在你和遇到的人的谈话之中。这是一段不断变化的对话，让你可以从不同的文化中开诚布公地学习。

好奇地去旅行意味着你不仅仅是在旅行。你对新事物持开放态度，你参与到所处的文化之中，并探索自身兴趣和激情的新方面。你学习，改变，获得勇气；你适应，进化，并克服恐惧。当你好奇地去旅行时，魔法就会展现，就在这里。

你自己的故事。

在秘鲁库斯科，下午她们刚好带着她们的羊驼出去玩。

用心地去旅行

用心地

（副词）

以一种表现出对某事物的意识或觉知的方式，例如将自己的意识集中于当下。

日期：2015年12月26日周六。

地点：澳大利亚塔斯马尼亚[1]（Tasmania）。

我今年新年将要做的事，完全不同于我每年这个时候通常所做的事。在接下来的10天里，为了练习内观[2]（Vipassana），我将交出我的手机、相机、个人物品，不交谈，并避免与其他人有身体接触。而内观是一种冥想技巧，专注于身体及其感官：清楚地意识到底正在发生些什么。这次静修以其10天的静默而闻名，但我发觉这是在这里最不困难的部分。

我毫无期待地进去了（关于具体涉及哪些内容，我只从同伴那里得到了模糊的概念），我很好奇自己出来时会是什么样子的。有几个之前完成过该静修的人说，直到后来——当你回归日常生活"真实的"节奏时，你才会留意到它的好处。

我总是乐于改变。

这次经历将改变我的生活，或是至少会改变我对生活的看法。

当你用心地去旅行时，你真正活在当下，处于一种积极、开放、有意关注现时的状态之中。不拘泥于过去，也不担心未来。你的思维从对你认为会发生些什么的忧虑中解放出来，这样你就可以接受实际上发生的事情。

1 译注：塔斯马尼亚州是澳大利亚联邦唯一的岛州。

2 译注：毗婆舍那，在印度巴利语中，意思是观察如其本然的实相，是印度古老的禅修方法之一。

右页图：在澳大利亚墨尔本的云端。

花点时间环顾四周。你看到了什么？听到了什么？闻到了什么？留意、认可、参与，再放手。这正是你将正念应用于自己的旅行体验中的方式。感觉很棘手？或许以下小贴士可以帮到你。

→ 当你旅行时，抛开你对旅行可能抱有的所有期待，对正在发生的事持有开放的态度。

→ 不要用名胜将你的行程塞满，那些名胜会让你从A点匆忙赶往B点，而只是单纯地走走，就像我们跳舞只是为了跳舞一样。动用你所有的感官来探索这个新的地方：留意你脚下的草给人什么感觉，风刮到你的皮肤上是什么感觉，以及空气中的气味。

→ 细嚼慢咽。享受当下正在发生的事情，不要思考或将这一餐与你吃过的任何一餐进行比较。相反，要注意食物的质地，区分味道，品尝食物。

→ 放下你的手机，进行面对面的交谈。与当地人聊天，参与到他们的文化之中，学习语言，在街上闲逛，抬头看看。

→ 当意外事故发生时（因为它们不可避免地会发生），有时当你感觉到沮丧或焦虑时，请深呼吸。将情绪放到一边，然后找出一个合理的解决方案。

知晓所有这些时刻——无论是愉快的，还是不愉快的——都会改变，这正是生活的美妙之处。学会接受改变，你就会很快乐。

活在当下。

让这一时刻成为美好的时刻。

让它们都成为值得记忆的时刻。

左页图：澳大利亚阳光下的油菜花田。

美国纽约，在诺利塔[1]「Nolita，小意大利北部」的中心区域，所有东西都是粉色的。

1 译注：位于纽约市曼哈顿的时尚街区。

美国纽约建筑上的艺术画作。

澳大利亚内地，远处的乌卢鲁巨石[1]（Uluru）。

1 译注：又名澳大利亚艾尔斯岩石（Ayers Rock），高348米，长3 000米，基围周长约9.4千米，东高宽而西低狭，是世界上最大的整体岩石。

如何用25种语言说“谢谢”：

阿拉伯语：Shukran
波斯尼亚语：Hvala
加泰罗尼亚语：Gràcies
克罗地亚语：Hvala
丹麦语：Tak
荷兰语：Dank je
菲律宾语：Salamat
法语：Merci
德语：Danke
希腊语：Efcharistó
印地语：Dhanyavaad
印度尼西亚语：Terimakasih
意大利语：Grazie
日语：Arigatô
韩语：Gomabseubnida
汉语普通话：Xièxiè
挪威语：Takk
葡萄牙语：Obrigado（阳性）/ Obrigada（阴性）
俄语：Spasibo
西班牙语：Gracias
斯瓦西里语：Asante
瑞典语：Tack
泰语：Kop khun
乌克兰语：Dyakuyu
祖鲁语：Ngiyabonga

鸣谢

所有善良的灵魂、富有创造力的头脑、狂野的心灵，以及《爱之集会》好奇的读者，非常感谢你们从一开始就陪在我身边。

梅丽莎·凯泽尔（Melissa Kayser）和哈迪·格兰特旅行（Hardie Grant Travel）的团队，感谢你们对我的信任。还有我的编辑梅根·库斯伯特（Megan Cuthbert）和尤金妮·鲍奇（Eugenie Baulch），感谢你们的建议，感谢你们为我宣传并和我并肩工作。

向我的旅伴、摄影师、朋友、爱人，以及我在创作本书时在旅途中遇到的游牧民和流浪者说一声：感谢你们的陪伴，感谢你们捕捉这些时刻，感谢你们耐心引导以帮助我实现我的愿景。我真的很感激。

我的家人，感谢你们允许我去探索，尤其是独自探索（即便我知道你很讨厌这样，妈妈），我爱你们所有人。

当然还要对你们说，感谢你们的阅读，感谢你们支持此次旅行。

感谢生活！

永远不要丢失日常魔法的火花。
永远不要停止学习。永远不要停止探索。

在社交网络上分享爱：
@theloveassembly | #mywanderlove

图书在版编目（CIP）数据

一人游：发现与成长之路/（澳）奥布里·达奎纳（Aubrey Daquinag）著；王宏译. —武汉：华中科技大学出版社，2019.7

ISBN 978-7-5680-5224-5

Ⅰ.①一… Ⅱ.①奥… ②王… Ⅲ.①旅游指南－世界 Ⅳ.①K919

中国版本图书馆CIP数据核字（2019）第094960号

Original Title: Wander Love: Lessons, Tips & Inspiration from a Solo Traveller.
First published in 2018 by Hardie Grant Travel, a division of Hardie Grant Publishing

一人游：发现与成长之路
Yi Ren You Faxian yu Chengzhang zhi Lu

[澳] 奥布里·达奎纳（Aubrey Daquinag） 著
王宏　译

出版发行：华中科技大学出版社（中国·武汉）　电话：(027) 81321913
北京有书至美文化传媒有限公司　(010) 67326910－6023
出 版 人：阮海洪

责任编辑：莽　昱
责任监印：徐　露　郑红红　封面设计：秋　鸿

制　作：北京博逸文化传播有限公司
印　刷：北京汇瑞嘉合文化发展有限公司
开　本：889mm×1194mm　1/20
印　张：12
字　数：66千字
版　次：2019年7月第1版第1次印刷
定　价：98.00元

华中出版

本书若有印装质量问题，请向出版社营销中心调换
全国免费服务热线：400－6679－118　竭诚为您服务